La escritura de los dioses

Política para una (im)posible gramática de lo real

———

Juan Manuel Aragüés Estragués

LA ESCRITURA DE LOS DIOSES

Política para una (im)posible gramática de lo real

PRENSAS DE LA UNIVERSIDAD DE ZARAGOZA

© Juan Manuel Aragüés Estragués
© De la presente edición, Prensas de la Universidad de Zaragoza
  (Vicerrectorado de Cultura y Proyección Social)
  1.ª edición, 2024

Colección Humanidades, n.º 197
Director de la colección: Juan Carlos Ara Torralba

Este trabajo ha sido realizado en el contexto del proyecto de investigación del Ministerio de Ciencia, Innovación y Universidades: «Racionalidad económica, ecología política y globalización: hacia una nueva racionalidad cosmopolita» con referencia PID2019-109252RB-I00

Prensas de la Universidad de Zaragoza. Edificio de Ciencias Geológicas, c/ Pedro Cerbuna, 12 50009 Zaragoza, España. Tel.: 976 761 330. Fax: 976 761 063
puz@unizar.es   http://puz.unizar.es

La colección Humanidades de Prensas de la Universidad de Zaragoza está acreditada con el sello de calidad en ediciones académicas CEA-APQ, promovido por la Unión de Editoriales Universitarias Españolas y avalado por la Agencia Nacional de Evaluación de la Calidad y Acreditación (ANECA) y la Fundación Española para la Ciencia y la Tecnología (FECYT).

ISBN 978-84-1340-796-8
Impreso en España
Imprime: Servicio de Publicaciones. Universidad de Zaragoza
D.L.: Z 587-2024

A mis hermanos, Rosa María y Miguel Ángel

Introducción

En su magnífico libro *Imaginar, recomenzar. Lo que nos levanta,* George Didi-Huberman sintetiza, de modo maravilloso, lo que constituye el hilo de toda política empeñada en la construcción de un mundo otro y que no es sino «una paciencia hecha de pasiones perdurables, de muy largas impaciencias».[1] Nuestro libro pretende dar cuenta de esas paciencias impacientes que tejen nuestro estar en el mundo, de cómo articularlas porque, como añade nuevamente Didi-Huberman: «la cuestión sigue siendo saber, en cada ocasión, cuándo y cómo las subjetividades acuerdan sus deseos, *desde el tiempo* en el que están psíquicamente formados, para comprender, para decidir que tienen que actuar *a tiempo y,* por tanto, levantarse *ahora o nunca».*[2] Levantarse, sí, pero mantenerse de pie el tiempo necesario, algo que, si miramos nuestra historia, nunca ha sucedido. Nuestras rodillas siempre han terminado por ceder. Por eso también resulta fundamental, como nos señalaba Marx en las páginas de su *Dieciocho Brumario,* volverse a levantar, a pesar de lo abrumador de la tarea.

1 George Didi-Huberman, *Imaginar, recomenzar. Lo que nos levanta,* Abada editores, Madrid, 2023, p. 9.
2 *Ib.,* p. 10.

Venimos, en España, en Europa, en el mundo, del destello que supusieron ciertas movilizaciones como el 15-M, la primavera árabe, Occupy Wall Street, la Nuit debout. Sintagma y Tahrir se convirtieron en geografías mágicas que han desembocado, con el tiempo, en la más terrible de las desolaciones. Una década después nos enfrentamos al ascenso, por todas partes, de una extrema derecha de nuevo cuño, que ya no luce correajes, sino que cabalga a golpe de *fake* y bulos, que hace de la comunicación su herramienta más efectiva. El deseo ha cambiado de bando y se ha teñido con los colores del odio, la desmesura, la intolerancia, mostrándonos una nueva forma de barbarie.

La política, como nos señala Frédéric Lordon, tiene mucho de gestión de afectos de carácter pasional,[3] desborda esos límites de racionalidad donde siempre había querido colocarla la tradición antagonista. Esa gestión de las pasiones se ha convertido en uno de los retos de nuestro presente. Y, en ese campo, las cartas están muy mal repartidas, pues nunca un sistema tuvo tal capacidad de producir subjetividad, de crear sujetos ajustados a las necesidades de reproducción de lo existente. Sin embargo, en la estela de Ernst Bloch, quisiéramos «reírnos de la estrechez de espíritu de quienes creen que el poder presente puede extinguir el recuerdo del tiempo por venir».[4] No hay futuro. Nos ha sido arrebatado. Justamente arrebatado. Pero nos queda el porvenir, aquello que con la potencia de nuestra imaginación y deseo seamos capaces de construir.

3   Frédéric Lordon, *Los afectos de la política*, Prensas de la Universidad de Zaragoza, Zaragoza, 2016.
4   Citado en Didi-Huberman, *Imaginar, recomenzar. Lo que nos levanta*, p. 7.

El presente libro ha sido imaginado gracias al trabajo en común con colegas hacia los que no cabe sino un profundo agradecimiento. Cómo no recordar el magnífico coloquio de Cérisy de junio de 2022 y las veladas allí compartidas con Ch. Laval, P. Dardot, P. Sauvêtre, Y. Sintomer o É. Balibar, o las diferentes jornadas en Pau junto con C. Ferrero, Th. Capmartin, L. Arenas, J. Fortanet, J. Canavera, J. León, Y. Lo Feudo, F. J. Martínez, A. Aviñó, J. L. López de Lizaga, B. Cortés, A. Saldaña, E. Jordana o A. Fernández Savater. También las reflexiones e intercambios con F. Lordon, A. Núñez, E. Ingala, J. Ezquerra o A. Martínez, cuya atenta lectura agradezco profundamente.

1.
La escritura de los dioses.
La (im)posible gramática de lo real

Introducción

¿Y si la tarea de la Filosofía, en su devenir occidental, desde sus presuntos orígenes platónicos, hubiera sido la de borrar las huellas del mundo? ¿Y si su empeño en el constante modelado de abstracciones —de las que el Ser, bien sea supremo, bien desprovisto de sus ropajes divinos, es la figura más reconocible—, no fuera sino una estrategia de ocultación de lo que es? ¿Y si la Filosofía, contra todo pronóstico, no hubiera sido sino un teatro de ocultaciones? El insistente menosprecio del mundo material y la acusada vocación productora de «trasmundos inventados», tal como los calificó Nietzsche, quizá debiera hacernos sospechar que la empresa filosófica dominante, aquella que representa el idealismo, se halla muy alejada de esa pretensión de verdad que declaran sus protagonistas.

Sin embargo, frente al espanto que el mundo real provoca en la tradición filosófica dominante, hay otra tradición, acallada, sumergida, marginada, cuyo empeño no es otro que la consideración de lo real en su complejidad y riqueza. Una tradición, la del *materialismo del encuentro,* tal como la nombra Althusser,[1] que hace del mundo, de la vida, el centro de su reflexión y que descree de mundos intangibles habitados por almas seráficas. Una tradición que, por cierto, retoma el hilo de inmanencia con el que nació la filosofía en las costas de Jonia y que fue traicionado por la teología vergonzante a la que Sócrates y Platón quisieron disfrazar con los ropajes de la Filosofía.[2] De los sofistas a Nietzsche, pasando por las brillantes páginas de Epicuro y Lucrecio, de Maquiavelo y Spinoza, de Marx, hay una filosofía que no admite enmascaramientos ni disfraces. Para ella, se trata, por el contrario, de volver nuestra mirada al mundo real, superando la profunda tortícolis epistemológica que nos han provocado veintiséis siglos de idealismo. Empeño doloroso que, por si esto fuera poco, fuerza a nuestros sentidos a un trabajo de (imposible) aclimatación a un mundo de inabarcables perfiles y de devenires insoslayables. Un mundo que, quizá, resulte inaprehensible.

Platón ya se encargó de señalar este doble camino de la filosofía en las páginas de *El sofista.* En ellas opone con extremada crudeza dos tradiciones. La primera de ellas, constituida, en palabras de Teeteto, por «gente terrible», agrupa a quienes «arrastran todo desde el cielo y lo invisible hacia la tierra, abrazando toscamente con las manos piedras y árboles. Aferrándose a estas cosas, sostienen que solo existe lo que ofrece resistencia y cierto contacto; definen como idénticos la realidad y el cuerpo, y si alguien afirma que algo que no tiene cuer-

---

1   Louis Althusser, *Para un materialismo aleatorio,* Arena Libros, Madrid, 2002.
2   Véase al respecto: Juan Manuel Aragüés, *Deseo de multitud. Diferencia, antagonismo y política materialista,* Pre-Textos, Valencia, 2018.

po existe, ellos lo desprecian por completo y no quieren escuchar ninguna otra cosa». Frente a ellos, Platón reivindica a quienes «se defienden muy discretamente desde cierto lugar elevado e invisible, sosteniendo vehementemente que la verdadera realidad consiste en ciertas formas inteligibles e incorpóreas».[3] El indisimulado desprecio platónico por la vida, por todo aquello que tenga que ver con cuerpos y mundos reales, queda inmediatamente al descubierto. Su mirada, de modo consecuente, se refugiará en lo que no es, a lo que, paradójicamente, él concede el nombre de ser, cuyo refugio privilegiado será el lenguaje, como casa del Ser.

La imposible gramática de lo real

Escribe Octavio Paz: «La diferencia entre la escritura humana y la divina consiste en que el número de signos de la primera es limitado, mientras que el de la segunda es infinito; por eso el universo es un texto insensato y que ni siquiera para los dioses es legible».[4] Cabe señalar una diferencia más: la escritura de los dioses se materializa en un mundo, mientras que la humana, a la zaga de la primera, se construye con los signos que pretenden dar réplica de ese mundo. Los humanos siempre corremos, en vano, tras la escritura de los dioses. La aplicación divina tiene como resultado una realidad que se ilumina con todos los colores pensables, con los innumerables matices que cobijan la infinita finitud del mundo. Borges, en uno de sus cuentos más celebrados, *Funes el memorioso,* nos cuenta la historia de un tullido cuya capacidad perceptiva es tal que el mundo

---

3   Platón, *El sofista,* Planeta, Madrid, 1996, pp. 287-288.
4   Octavio Paz, *El mono gramático,* Austral, Barcelona, 2016, p. 49.

se le presenta con una intolerable complejidad. Y así, mientras nosotros «percibimos tres copas en una mesa; Funes, todos los vástagos y racimos y frutos que comprende una parra».[5] Funes, tras el accidente que le deja encamado, se convierte en un dios, pero debe renunciar a su condición divina si quiere continuar siendo humano. A nosotros nos queda vedada la capacidad de dar cuenta de la complejidad de un mundo cuya exuberancia se nos escapa. Prolífica exuberancia que, sometida al devenir del tiempo, se multiplica en un incesante proceso. Nuestro lenguaje, a diferencia del de los dioses, no deja de ser, como apunta Chantal Maillard, una «lujosa encuadernación de la ignorancia».[6]

Lo real, «incesante y vasto universo»[7] tal como lo describe Borges, se nos esfuma, por complejo, al tiempo que es multiplicado en cada una de sus aprehensiones subjetivas. El sujeto es una máquina de desestructuración de la certeza del mundo. El sujeto, que es a su vez producto de un mundo, de una vida productora de conciencia, como nos recordaba Marx, una vez producido, produce su propio mundo, resultado del trayecto singular, Virilio *dixit*,[8] que vincula mundo y subjetividad. Perspectivismo lo llamó Nietzsche. Filosofía de la producción, sentenció Deleuze, llevando un paso más allá la reflexión nietzschiano. Cualquier unanimidad en la

5   Jorge Luis Borges, «Funes el memorioso», en *Obras completas II,* Círculo de Lectores, Barcelona, 1992, p. 80.

6   Chantal Maillard, *La herida en la lengua,* Tusquets, Barcelona, 2015, p. 69.

7   Jorge Luis Borges, «El Aleph», en *Obras completas II,* Círculo de Lectores, Barcelona, 1992, p. 210.

8   «Superación intempestiva de la "objetividad", después del ser del sujeto y el ser del objeto, el intervalo del género luminoso sacaría a la luz *el ser del trayecto*». Paul Virilio, *La máquina de visión,* Cátedra, Madrid, 1998, p. 95.

aprehensión de lo real queda descartada y así, mientras el idealismo hace de la opinión una debilidad del pensamiento, condenando la relatividad de la verdad, la filosofía de la producción, de cuño materialista, establece la verdad de la relatividad. Ejercicio que no supone instaurar el relativismo como lugar de llegada del conocimiento, sino, antes bien, como punto de partida desde el que construir una imagen compartida que permita superar la cacofonía del mundo. Algo que, por cierto, también propugnaba Gadamer con su propuesta de fusión de horizontes.[9] Frente a la idiocia relativista, tejer opiniones para perfilar un horizonte compartido: ese es el empeño de una ontología y una política materialistas.

«No hay lenguaje para expresar lo que está siendo», nos advierte José Luis Rodríguez García en las páginas de su imprescindible *El hilo truncado*.[10] «Apresar lo real es imposible»,[11] reitera, quizá con desasosiego, unas páginas más adelante. Por ello hay quienes borran el mundo y se refugian en el lenguaje, al que convierten en campo exclusivo de lo que es y no es. El idealismo ha volcado buena parte de sus esfuerzos en juegos de lenguaje que han pretendido conceder al logos de la lógica privilegio en la determinación de la realidad. Olvidando los perfiles y secuencias de la realidad, el idealismo construye un mundo pleno de digresiones lógicas que se convierten en exclusivo asiento de lo real.

Muy al contrario, la tradición materialista de la Modernidad, la que va de Spinoza a Nietzsche, ha puesto de manifiesto en qué medida el lenguaje resultaba una

9   Hans-Georg Gadamer, *Verdad y método*, Sígueme, Salamanca, 1993.
10   José Luis Rodríguez, *El hilo truncado*, Eclipsados, Zaragoza, 2012, p. 100.
11   *Ib.*, p. 134.

inútil herramienta para la aprehensión de lo real. Y lo hace mediante la denuncia del concepto como, según expresión de Nietzsche, «necrópolis de la intuición». Los conceptos, denuncia Spinoza, como si acabara de leer el *Funes* borgiano, son expresión de esa escritura humana incapaz de dar cuenta de la escritura divina: «Esos términos —Spinoza se refiere a los universales— se originan en el hecho de que el cuerpo humano, por ser limitado, es capaz de formar, distinta y simultáneamente, solo un cierto número de imágenes [...]; si ese número es sobrepasado, las imágenes empezarán a confundirse, y si el número de imágenes que el cuerpo es capaz de formar distinta y simultáneamente es sobrepasado con mucho, se confundirán todas completamente entre sí».[12] Si Funes había sido capaz de discernir la complejidad de lo real, fue, precisamente, porque había desbordado la condición humana para acercarse a la divina. Pero eso le había condenado, refugiado en lo más oscuro de su estancia, al silencio, al monólogo interior, incapaz de transmitir sus exuberantes sensaciones. Su primer contacto con un humano desemboca en la confesión de esa incapacidad. Mientras Spinoza entiende los conceptos como expresión de la limitación humana, Nietzsche, en *Sobre verdad y mentira en sentido extramoral,* se encarga de subrayar el carácter convencional de los mismos:

> Así como los etruscos y los romanos dividían el cielo mediante rígidas líneas matemáticas y asignaban el espacio delimitado por ellas a un dios, como si fuera un templo, cada pueblo tiene sobre sí un cielo de conceptos similar, matemáticamente dividido, y entonces considera que amar a la verdad es tender a buscar a cada dios (es decir, a cada concepto) sólo en la casilla que le corresponde. En este sentido, cabe admirar el poderoso

genio constructor del hombre, que es capaz de levantar sobre cimientos tan inestables (sobre una corriente de agua, por así decirlo) una catedral de conceptos extremadamente compleja: aunque, claro está, para encontrar apoyo en tales cimientos, esa construcción ha de ser una especie de tela de araña lo suficientemente flexible para acomodarse a las olas y lo bastante sólida para que no se la lleve el viento a placer. Como genio de la arquitectura, el hombre está muy por encima de las abejas, pues éstas construyen con la cera que recogen de la naturaleza, mientras que el hombre lo hace con conceptos, es decir, con un material mucho más frágil que ha de empezar por fabricarse él mismo. Esto es lo que hace al hombre digno de una gran admiración, y no tanto su inclinación a la verdad, al conocimiento puro de las cosas. Si alguien esconde una cosa detrás de un matorral y luego la busca en ese sitio y la encuentra, su descubrimiento no le da motivo para vanagloriarse demasiado; sin embargo, esto es precisamente lo que supone buscar y descubrir la «verdad» dentro del ámbito de la razón. Si defino lo que es un mamífero y luego aplico esa denominación a un camello, es evidente que habré formulado una verdad, pero el valor de ésta será reducido, pues se tratará de una verdad enteramente antropomórfica, que en ningún aspecto podrá considerarse verdadera en sí.[13]

Y así, tras este largo excurso nietzschiano, llegamos a lo que el poeta argentino Roberto Juarroz denomina «el ancestral espejismo de los nombres, esos rótulos fijos que escamotean la identidad de las cosas».[14]

Porque si algo hizo Platón, y con él toda la tradición idealista, fue crear un etéreo mundo de nombres del que el mundo material se entendía como copia imperfecta. Espantado de la potencia de lo real, el idealismo se sumerge en las plácidas aguas de la trascendencia e imagina, refugiado en lo más profundo de su estancia, mundos de sutiles trazos que abominan de la imperfección de la materia. La realidad queda sometida a un

13   Friedrich Nietzsche, *Sobre verdad y mentira en sentido extramoral*, Tecnos, Madrid, 2010, pp. 29-30.
14   Roberto Juarroz, *Poesía y Realidad*, Pre-Textos, Valencia, 2000, p. 14.

modelo del que no es sino copia degradada. Un modelo que acaba por sustituir a la propia realidad. Todo lo que escape a ese modelo será condenado como simulacro, como se encarga de advertir Platón en las páginas de *El sofista*. Pues «la estirpe y la sangre del sofista», apunta Platón con desprecio indisimulado, consiste en «fabricar ilusiones en los discursos».[15] Esto lo declara, sin sonrojo alguno, quien fabricó un ilusorio mundo de las ideas cuya aprehensión escapa a nuestros sentidos y solo resultará accesible a quien, purificándose del mundo material y de la vida, se aproxime a la intelección divina. Pero no solo Platón se aleja de lo real, sino toda una tradición idealista que desemboca en el «insípido monocentrismo de los círculos en la dialéctica hegeliana»,[16] que Deleuze pretenderá conjurar. De ahí la admonición que Nietzsche nos dirige: «Prestad atención a los sacerdotes de la mitología de la Idea y sus rodillas desolladas».[17]

Y, sin embargo, la realidad no es otra cosa que simulacro, tal como enfatiza Deleuze en las páginas de *Diferencia y repetición*. Deleuze advierte que, en efecto, el estupor de Funes no es sino la consecuencia necesaria de la realidad del mundo, de su desbordada productividad. El mundo es diferencia, diferencia que hace estallar todo concepto. Diferencia sin concepto, diferencias libres oceánicas, distribuciones nómadas,[18] que hacen de este mundo un caosmos, como «identidad del mun-

15   Platón, *El sofista*, p. 356.
16   Gilles Deleuze, *Diferencia y repetición*, Júcar, Madrid, 1988, p. 419.
17   Friedrich Nietzsche, *Sobre la utilidad y el perjuicio de la historia para la vida*, Biblioteca Nueva, Madrid, 1999, p. 110.
18   Deleuze, *Diferencia y repetición*, pp. 421-422.

do y del caos».[19] «En el simulacro —escribe Deleuze— la repetición incide ya en repeticiones, y la diferencia en diferencias. Son repeticiones que se repiten, y diferencias que se diferencian. La tarea de la vida es hacer coexistir todas las repeticiones en un espacio en el que se distribuye la diferencia».[20] De ahí la insuficiencia del concepto, incluido el de diferencia. No se trata de reflexionar sobre el concepto de diferencia, sino sobre la diferencia sin concepto. Una diferencia que, sometida a la multiplicidad de lo real, al devenir del tiempo y a la perspectiva de la mirada subjetiva, no encuentra cobijo en concepto alguno. Ello es lo que lleva a José Luis Rodríguez García a «reivindicar la potencia del simulacro como certero objeto de lo Poético-Filosófico: un nuevo y lujoso narrar que se desliza como reivindicación de la contingencia-devenir».[21]

Inútil empeño, por tanto, de la representación, impotencia para cartografiar un mundo desquiciado, del que solo podría dar cuenta la enloquecida e imposible tarea que propone, y que aborta, el proyecto empirista. Si toda impresión ha de producir una idea, tal como entiende Hume, la inestabilidad del mundo abre la puerta a un incesante baile de ideas que pugnarían, abocadas al fracaso, por representar lo real.

Empeño inútil si, además, entendemos que no solo hay un mundo, sino tantos, lo sugeríamos más arriba, como sujetos se aplican a su conocimiento. Juarroz, de nuevo, nos interpela:

> Es preciso demoler la ilusión
> de una realidad con un solo sentido.[22]

19   *Ib.,* p. 469.
20   *Ib.,* p. 32.
21   Rodríguez, *El hilo truncado,* p. 115.
22   Roberto Juarroz, *Poesía vertical,* Visor, Madrid, 1991, p. 167.

El sujeto se convierte en instancia lectora de lo real. Y su potencia es tal que el resultado de su lectura es, en realidad, un nuevo mundo por él producido. Borges lo entendió bien, y así lo escribió un 31 de octubre de 1960: «Un hombre se propone la tarea de dibujar el mundo. A lo largo de los años puebla un espacio con imágenes de provincias, de reinos, de montañas, de bahías, de naves, de islas, de peces, de habitaciones, de instrumentos, de astros, de caballos y de personas. Poco antes de morir, descubre que ese paciente laberinto de líneas traza la imagen de su cara».[23]

El tráfico entre una realidad múltiple y en devenir con un sujeto que no está sujetado, que también fluye a golpe de una realidad de la que es efecto y pliegue, nos habla de una complejidad que escapa a toda pretensión de aprehensión. Complejidad que, como nos indica Edgar Morin, «es una palabra problema y no una palabra solución».[24] Solo el oscuro rincón de la estancia de Funes sosiega nuestra alma, a cubierto del insoportable fulgor del presente y de sus efectos de subjetivación. No es de extrañar que el idealismo haya renunciado a entender el mundo, aunque nos haya hecho creer que pretendía conocerlo y que, de hecho, había alcanzado la Verdad del Mundo. Pero huir de la realidad no es opción para un materialismo que siempre ha entendido que la filosofía solo sirve si adquiere una dimensión política, si se aplica a transformar ese mundo al que pretende aproximarse.

Entonces, ¿qué hacer cuando constatamos la inaprehensibilidad del mundo?, ¿qué hacer cuando advertimos

23   Borges, *Obras completas II*, p. 451.
24   Edgar Morin, *Introducción al pensamiento complejo*, Gedisa, Barcelona, 1994, p. 22.

que las herramientas de la tradición idealista no son sino rudimentarios utensilios que, a fuerza de simplificación, acaban por traicionar lo real?

El deber inexorable del filósofo materialista, aquella/aquel que coge el tren en marcha porque sabe que no hay Origen ni Fin, fundamento ni telos, ni Todo ni Orden, quien advierte «que todo se repite y que no existe más que la repetición diferencial», como bien señala Althusser,[25] es renunciar a la placidez de la simplicidad, al sosiego del rincón oscuro de la estancia, porque sabe que ni la falsificación ni el silencio son opciones que puedan ser contempladas. Se trata, por tanto, de reconocer que el mundo se nos escapa, que la disposición subjetiva no alcanza a dar cuenta de lo real. Se trata, ni más ni menos, de reconocer la imposibilidad de una epistemología materialista.

Pero ese reconocimiento, lejos de ser una concesión, un fracaso, es punto de partida de un intenso trabajo. Un trabajo que pasa, en primer lugar, por constatar nuestra incapacidad de aprehender el mundo, por advertir que nuestra aproximación al mismo siempre quedará corta. Mallarmé señalaba que «una tirada de dados no abolirá el azar»,[26] por decirlo de otro modo, nuestra escritura del mundo no reducirá, en modo alguno, la complejidad del mismo. Morin, de nuevo, nos recuerda, refiriéndose al pensamiento complejo, que este «sabe, desde el comienzo, que el conocimiento completo es imposible».[27] Pero, insistimos, dicho reconocimiento no es, en absoluto, expresión de un fracaso, sino, más bien al contrario, condición necesaria para una nueva acti-

---

25   Althusser, *Para un materialismo aleatorio*, p. 10.
26   Stéphane Mallarmé, *Poesías*, Hiperión, Madrid, 2003, p. 231 y ss.
27   Morin, *Introducción al pensamiento complejo*, p. 23.

tud ante el mundo a la que cabe conceder un nombre: la modestia del conocimiento, figura opuesta a la soberbia de la Verdad.

Cuando Heisenberg enunció su principio de incertidumbre, cuando nos hizo conscientes de que resultaba vano el propósito de aprehender la realidad subatómica, pues no somos capaces de determinar, a un mismo tiempo, la posición y velocidad de una partícula y nos advertía, también, de que la intervención del sujeto provoca una modificación del sistema observado, proporcionó un golpe de gracia a la soberbia de la ciencia moderna. El mundo, según los planteamientos de Heisenberg, escapa a la pretensión de explicación acabada y definitiva que estaba inserta en los principios de la ciencia de la Modernidad. Del mismo modo, la aproximación materialista al mundo, la filosofía de la inmanencia, huye de la soberbia de la Verdad (con mayúscula) propia de la reflexión idealista, y nos coloca ante la modestia de un saber que se sabe inadecuado, parcial y efímero. Pieza de un gigantesco puzle que es preciso componer.

Pero, ¿cómo hacerlo cuando, además, las piezas de ese puzle que es el mundo no son sino el resultado de una producción subjetiva? Marx apunta en los *Grundrisse,* de modo no suficientemente comentado, a nuestro entender, que «la totalidad concreta, en cuanto totalidad de pensamiento, es en realidad un producto del pensamiento»,[28] pues el sujeto, efecto de su singular vida, no es sino una singularidad que concibe y produce el mundo a su singular manera. Sin mundo, sin utillaje conceptual adecuado, sin un sujeto sujetado, solo nos queda vértigo, el vértigo de la diferencia materialista,

28 *Ib.,* p. 25.

del que ya hablamos en otro lado.[29] Un vértigo que no es otro que el vértigo del mundo. Y el vértigo exige ser apaciguado, reclama ciertas certezas.

La primera de ellas quizá deberá ser alcanzada mediante el mantenimiento crítico de las herramientas del lenguaje, pero desde la conciencia de que suponen una adulteración simplificadora de lo real. Nuestro lenguaje no describe el mundo, es una tenue e imperfectísima imagen del mundo, un fantasma. Pero, como nos recuerda Novalis, «en ausencia de los dioses, reinan los fantasmas»,[30] solo ellos nos permiten construir un discurso que, aunque precario, sirva, al menos, «para entendernos». Deleuze y Guattari nos recordaban que cuando decimos que el sol sale no estamos describiendo el real proceso de la naturaleza, sino que utilizamos esa expresión «para entendernos». En la misma lógica, señalaban al yo como otro concepto construido metafóricamente para estabilizar, en realidad, un devenir. Para entendernos, nuevamente. Nuestra descripción del mundo es solo, debemos ser conscientes, para entendernos, sin pretensión alguna de verdad última y acabada, esa verdad que genera su corolario de condenas, de errores y mentiras. Describimos el mundo como podemos, pero el mundo se nos sigue escurriendo entre los dedos. La soberbia de la Verdad, siempre de la mano del idealismo, ha de ceder paso a la modestia de la aproximación materialista. La imagen dogmática del pensamiento, que denunció Deleuze, ha de ser remplazada por el pensamiento sin imagen, atento a imaginar otra imagen, compartida, quizá efímera, del mundo.

---

29   Aragüés, *Deseo de multitud. Diferencia, antagonismo y política materialista.*

30   Novalis, en Marcel Brion, *La Alemania Romántica II. Novalis. Hoffman. Jean-Paul,* Barral editores, Barcelona, 1973, p. 51.

Imagen compartida, decimos. Permítasenos rastrear, torpemente, por los empeños materialistas que dibujan el anhelo de una mirada otra que se sustenta en un ejercicio colectivo del conocimiento. Nos referimos, en concreto, a Spinoza y Marx, quienes ya advirtieron las enormes insuficiencias del idealismo para una mínimamente eficaz aproximación al mundo. Ambos autores establecen un estrechísimo vínculo entre vida y conocimiento. Entre las proposiciones XXXVII y XL de la *Ética,* Spinoza desarrolla el concepto de *nociones comunes,* que supone una herramienta fundamental para construir una nueva estrategia de conocimiento de carácter colectivo. En efecto, Spinoza señala, en el corolario de la proposición IXL, que «el alma —así se escribe, en una incorrecta traducción del concepto spinoziano *mens,* en la edición española a cargo de Vidal Peña— es tanto más apta para percibir adecuadamente muchas cosas, cuanto más cosas en común tiene su cuerpo con otros cuerpos».[31] La comunidad de los cuerpos, a la que podemos denominar vida, se convierte, por tanto, en Spinoza, en instancia facilitadora de la construcción de una imagen compartida del mundo. Marx, por su parte, nos señala, en las páginas de *La ideología alemana,* junto con Engels, que «es la vida la que determina la conciencia», de tal modo que una práctica común, como la que se deduce de la pertenencia a un mismo sujeto político, contribuye a construir una mirada compartida sobre la realidad. Conocedores de que la nuestra es una mirada singularizada, la construcción de un cuerpo colectivo, como lo son todos los cuerpos en Spinoza, como es el deseo político en Marx, se convierte en condición de posibilidad de una imagen común de lo real. Lo común

31 Spinoza, *Ética,* p. 146.

(*koinon* frente a *idion*), la comunidad, como estrategia estabilizadora del «desmigajamiento de las realidades sensibles»,[32] que Blanchot atribuye al flujo de lo real. Es el propio M. Blanchot quien, en *El último hombre,* nos coloca en la senda de ese conocimiento compartido, colectivo, sabedor de las derivas del mundo, que se opone al estatismo de la tradición dominante:

> Contra ti, pensamiento inmóvil, acaba de tomar forma, brillar y desaparecer todo lo que de todos se refleja en nosotros. De este modo, tenemos el mundo más grande posible, de ese modo, en cada uno de nosotros, todos se reflejan a través de un espejo infinito que nos proyecta en una intimidad radiante desde donde cada uno regresa a sí mismo, iluminado por ser solo el reflejo de todos. Y el pensamiento de que no somos, cada uno, sino el reflejo del universal reflejo, esta respuesta a nuestra ligereza nos embriaga con aquella ligereza, nos vuelve cada vez más ligeros, más ligeros que nosotros, en el infinito de la esfera reflectante que, de la superficie al destello único, es el eterno vaivén de nosotros mismos.[33]

El materialismo, la vida

Podríamos establecer que la principal ocupación de una filosofía de orientación materialista es la reflexión en torno a la vida. Vida social, vida cultural, vida personal, vida colectiva, vida mística… vida, en todo caso. La vida en su enorme complejidad, en sus muy variados perfiles, afanes y empeños, vida que se muestra en una extensísima red de relaciones que vinculan al sujeto con el entramado de lo real, que condensan, también, un pasado que no deja de pesar sobre el presente y que junto con este perfila el futuro. K. Marx, con la belleza

---

32   Maurice Blanchot, *El libro por venir,* Trotta, Madrid, 2005, p. 44.
33   Maurice Blanchot, *El último hombre,* Arena Libros, Madrid, 2001, p. 109.

que atesoran muchos de sus textos, nos recuerda, en *El dieciocho Brumario de Luis Bonaparte,* que «la tradición de todas las generaciones muertas oprime como una pesadilla el cerebro de los vivos».[34] El sujeto es un efímero punto de condensación vital, un pequeño *aleph,* un mundo.

El proyecto del idealismo, desde sus orígenes platónicos, fue huir del mundo y, con él, de la vida. Y para ello se refugió en una gramática del Ser cuya incesante y tediosa declinación tejió el texto de buena parte del pensamiento occidental. Nihilismo lo llamó Nietzsche. *El sofista* de Platón, al que ya hemos hecho referencia en numerosas ocasiones, es un magnífico ejemplo de cómo cierta filosofía ha hecho del pensar meros juegos de lenguaje sin anclaje alguno en la realidad. Un proyecto que, por otro lado, muestra una enorme agresividad contra todo aquel que pretende aproximarse al mundo. Diógenes Laercio, recordémoslo, nos cuenta que Platón propuso quemar las obras de Demócrito.[35] El monoteísmo, ya sea filosófico, ya sea teológico, siempre cobija una enorme intransigencia, la de quien se cree investido por la Verdad. Platón, por boca de Teeteto, no duda en calificar de «gente terrible» a quien manifieste en sus textos pretensión de abrazar un árbol.

Cuando José Saramago acudió a Estocolmo a recibir el Premio Nobel de Literatura, nos sobrecogió con un deslumbrante discurso de aceptación. En él, el autor de tantas celebradas novelas glosaba la dura vida de sus abuelos, en medio del campo portugués, su relación con los animales, árboles y sembrados que constituían su

---

34   Karl Marx, *El dieciocho Brumario de Luis Bonaparte,* Espasa, Madrid, 1985, p. 241.
35   Diógenes Laercio, *Vidas de filósofos,* IX, 40.

vida y que les permitían vivir. Realidades que no solo les ofrecían sustento, sino que se entretejían con su propia vida. Saramago nos recuerda la perfecta lección de filosofía materialista presente en el último gesto de su abuelo, «el hombre más sabio que he conocido en mi vida», que «no sabía leer ni escribir». Escribe Saramago: «ese fue mi abuelo Jerónimo, pastor y contador de historias, que, al presentir que la muerte venía a buscarlo, se despidió de los árboles de su huerto uno por uno, abrazándolos y llorando porque sabía que no los volvería a ver».

Tras siglos abrazando fantasmas, la filosofía bien pudiera establecer como excepcional e imprescindible empeño, el de abrazar árboles, abrazar el mundo. Aunque en ese ejercicio sepamos que el árbol que abrazamos resulta, él solo, excesivo para nuestro torpe conocimiento. Porque Funes, que «no solo recordaba cada hoja de cada árbol de cada monte, sino cada una de las veces que la había percibido o imaginado»,[36] poseía un privilegio absolutamente vedado a los seres humanos: la mirada de los dioses.

36   Borges, *Obras completas II,* p. 81.

2.
Verdad y simulacro.
A propósito de la sociedad mediática

No es preciso insistir en exceso para argumentar que vivimos en una sociedad mediática, una sociedad en la que la tecnología de la comunicación ha alcanzado tal relevancia que se ha convertido en una máquina de producción ontológica. Buena parte de nuestra realidad es producida desde unos medios de comunicación que, como consecuencia del desarrollo tecnológico, nos acompañan constantemente en nuestra vida cotidiana. Podría decirse que los medios se han convertido en un sexto sentido con el que la subjetividad accede al mundo. Del mismo modo que los filósofos del XVIII pusieron de manifiesto las peculiaridades de una subjetividad privada de alguno de sus cinco sentidos, como Diderot en su *Carta sobre los ciegos,* nuestra contemporaneidad coloca la cuestión del sexto sentido mediático en el centro de la reflexión sobre las potencias del sujeto y la construcción de la realidad.

Quizá resulte sorprendente que acudamos a Platón para metaforizar la acción de los medios en la sociedad contemporánea. En el libro VII de *La·República* aparece la conocidísima alegoría de la caverna. En ella, un grupo de individuos aprisionados vive como real la proyección de imágenes en el fondo de la caverna que habitan. Cuando uno de ellos, que previamente había huido y conocido la realidad exterior, regresa para contar a sus compañeros que lo que ven y oyen no es real, estos no le creen y se irritan contra él. Platón concluye el fragmento de un modo tremendamente contundente: «Y si intentase desatarlos y conducirlos hacia la luz, ¿no lo matarían, si pudieran tenerlo en sus manos y matarlo?».[1] Nuestras sociedades son la expresión más acabada de la caverna platónica. Los medios se han convertido en ese interior de la caverna que tomamos por real, y la puesta en cuestión de lo que en ellos aparece se muestra harto complicada. Realidad y medialidad han conseguido solaparse. Pero entonces, ¿cómo abordar desde una óptica política la fuga de la caverna mediática?

Los medios y la lógica de la representación

Los medios de comunicación explotan la concepción ontológica y epistemológica dominante en nuestra tradición cultural, según la cual, la realidad es una y, paralelamente, solo existe una verdad. De ahí que la tarea de los medios no sea más que narrar la realidad, representar, a través del papel, del sonido o de la imagen, aquello que ha sucedido. Los medios se aprovechan del positivismo chato de nuestro sentido común, que piensa en clave de una realidad exterior objetiva a la que el sujeto debe aproximarse para conocerla. La caverna platónica refleja ese positivismo en la medida en que los sujetos se muestran incapaces de cuestionar aquello que perci-

1   Platón, *La República*, Planeta, Barcelona, 1998, p. 294.

ben, tomando como única realidad lo que ante ellos se muestra. Pero a pesar de la crítica platónica al actuar de los sujetos del interior de la caverna, no encontramos en el autor de *La república* una puesta en cuestión de la lógica de la representación, sino una versión aristocratizada de la misma: solo el sabio, el que ha sido capaz de acceder a un nivel superior de conocimiento, es capaz de representar la verdad. Platón es una de las primeras expresiones de ese feroz combate entre idealismo y materialismo que recorre la historia de la filosofía, y en el que el idealismo siempre ha apostado por una realidad y una verdad únicas, mientras el materialismo se esfuerza por subrayar la insoslayable relación entre el sujeto y las condiciones sociales y subjetivas de su conocer.

Frente a su pretensión de ser meros reproductores de la realidad, muy otra es la actuación de los medios. En primer lugar, porque lo que los medios presentan no son, como diría Nietzsche, *data,* sino *capta,* es decir, no nos presentan *la* realidad, sino una parte seleccionada de la misma. Una selección que tiene mucho que ver con la posición ideológica del medio, que acaba construyendo una realidad «a su imagen y semejanza». Cada vez es más evidente que la línea editorial de los medios de comunicación, la visión del mundo que nos transmiten, viene marcada por los intereses de sus accionistas mayoritarios, de tal modo que se muestra aquello que los refuerza y se oculta lo que los erosiona. Ello lleva a que existan temas, acontecimientos, sucesos, que deben quedar siempre fuera del foco de atención mediática, lo que les convierte en inexistentes.

Por otro lado, y en segundo lugar, como consecuencia del crédito que se concede a la información publicada, los medios se convierten, como hemos dicho, en máquinas ontológicas, en productores de una realidad que no tiene asiento en lo que acontece. Es lo que se conoce como simulacro. El simulacro es una realidad inexistente producida por los medios de comunicación para ocasionar un determinado efecto en la opinión pública. En su análisis de la mentira, J. P. Sartre argumenta que esta es una estrategia por la que un sujeto coloca a otro en una situación irreal con el objetivo de que reaccione como si esa situación fuera real. Escribe Sartre: «Y este mundo real que es su situación, lo supera hacia otros fines. Al mentir, yo le presento una situación imaginaria que le hago pasar por real. La supera hacia sus fines y se confirma en esta situación y en toda otra como libertad. Pero como la situación es irreal, la superación es igualmente irreal y el sentido de sus obras también es irreal».[2] Esa es, estrictamente, la disposición de los medios: la producción de una realidad con fines de control político, de producción de subjetividad.

De manera ciertamente sorprendente, por su fecha tan temprana, 1967, la teorización del simulacro fue realizada en un brevísimo cuento firmado al alimón por dos gigantes de la literatura: Jorge Luis Borges y Adolfo Bioy Casares. El texto se titula, significativamente, *Esse est percipi*, la reconocible sentencia de Berkeley, «ser es ser percibido». El cuento narra el estupor de un aficionado al fútbol ante la desaparición del estadio de su equipo. Su preocupación le lleva a vi-

---

2   Jean-Paul Sartre, *Cahiers pour une morale*, Gallimard, París, 1983, p. 204. Sobre la cuestión de la mentira en Sartre, véase Juan Manual Aragüés, «La société du mensonge: réflexions à partir des *Cahiers pour une morale*», en Juliette Simont, *Écrits posthumes de Sartre*, Vrin, París, 2001, pp. 89-99 (recogido en castellano en Juan Manuel Aragüés, *Sartre en la encrucijada. Los póstumos de los años 40*, Biblioteca Nueva, Madrid, 2004).

sitar las oficinas del club, donde el presidente, antiguo amigo de la infancia, le hace saber que el fútbol dejó de existir hace tiempo y que las retransmisiones son recreaciones ficticias. Hecho que, añade el presidente, no afecta solo al fútbol, sino a la mayor parte de los acontecimientos que en el mundo suceden: inauguraciones de escuelas, carrera espacial, etc. El diálogo final no tiene desperdicio:

> —Presidente, usted me mete miedo —contesté sin respetar la vía jerárquica—. ¿Entonces en el mundo no pasa nada?
> —Muy poco —contestó con su flema inglesa—. Lo que yo no capto es su miedo. El género humano está en su casa, repantigado, atento a la pantalla o al locutor, cuando no a la prensa amarilla. ¿Qué más quiere, Domecq? Es la marcha gigante de los siglos, el ritmo del progreso que se impone.
> —¿Y si se rompe la ilusión? —dije con un hilo de voz.
> —Qué se va a romper —me tranquilizó.
> —Por si acaso, seré una tumba —le prometí—. Lo juro por su adhesión personal, por mi lealtad al equipo, por usted, por Limardo, por Renovales.
> —Diga lo que se le dé la gana, nadie le va a creer.
> Sonó el teléfono. El presidente portó el tubo al oído y aprovechó la mano libre para indicarme la puerta de salida.[3]

A pesar de que el protagonista ha sido informado de la inexistencia del equipo, todavía sigue preso de una realidad que no es tal, lo que le lleva a jurar por jugadores inexistentes. Con innegable sentido del humor, Borges y Bioy diseccionan la lógica del simulacro, su acusada efectividad en la construcción del imaginario de la subjetividad. La caverna mediática condena la exterioridad a la anomalía, a la locura, al error, a, en casos extremos, Platón *dixit*, la muerte.

---

3   Jorge Luis Borges y Adolfo Bioy Casares, «Esse est percipi», en Jorge Luis Borges, *Obras completas en colaboración*, Emecé, Barcelona, 1997, p. 362.

La imagen dogmática de la comunicación

Parafraseando algunos aspectos de lo que Deleuze, en su *Nietzsche y la filosofía*, denomina la *imagen dogmática del pensamiento*,[4] podríamos decir que los medios establecen la imagen dogmática de la comunicación, en la que se nos dice que los medios quieren y aman la verdad, que poseen o contienen formalmente la verdad, que basta comunicar «verdaderamente» para comunicar la verdad.[5] Dicha imagen se instala, sin lugar a dudas, en esa lógica de la representación que nos habla de una única realidad que lleva aparejada una única verdad que es preciso representar.

A estas alturas de la historia, no cabe pensar en la inocencia mediática. Se trata, más bien, de un avezado cinismo, que conoce la realidad, pero actúa como si la desconociera, tal como define Sloterdijk al cinismo vulgar.[6] Los medios, los poderes que tras ellos se encuentran, son conscientes de la verdad epistemológica del materialismo, que indica que la realidad es una pro-

---

4   «La imagen dogmática del pensamiento aparece en tres tesis esenciales: 1.º Se nos dice que el pensador en tanto que pensador quiere y ama la *verdad* (veracidad del pensador); que el pensamiento como pensamiento posee o contiene formalmente la verdad (connaturalidad de la idea, *a priori* de los conceptos); que el pensar es el ejercicio natural de una facultad, que basta pues pensar "verdaderamente" para pensar con verdad (recta naturaleza del pensamiento, buen sentido compartido universalmente)». Gilles Deleuze, *Nietzsche y la filosofía,* Anagrama, Barcelona, 1986, p. 146.

5   Para una crítica de esa concepción de la comunicación resulta muy interesante *Nekrasof,* la obra teatral de Jean-Paul Sartre que, a pesar de estrenarse en una fecha tan temprana como 1955, desentraña, con un gran sentido del humor, la dimensión ideológica de los medios de comunicación. Jean-Paul Sartre, *Nekrasof,* Losada, Buenos Aires, 2007.

6   Peter Sloterdijk, *Crítica de la razón cínica,* Ediciones Siruela, Madrid, 2003.

ducción subjetiva, efecto de múltiples mediaciones, culturales, ideológicas, históricas. Pero pretenden seguir jugando al juego con el que marcó el tablero el idealismo: el juego de la Verdad.

En su breve historia, los medios han ido borrando, progresivamente, las huellas de su adscripción ideológica. Si a finales del xix y principios del xx no tenían reparos en señalar al sector social al que representaban y se dirigían, llegando a calificarse como «órgano de expresión» de un determinado colectivo político, en la actualidad se acentúa la imagen de asepsia, objetividad e independencia. «Así son las cosas y así se las hemos contado», pontificaba un presentador español de informativos, resumiendo de modo ejemplar la ideología de los medios.

Los medios saben de su eficacia y juegan el juego hasta sus últimas consecuencias. Su potencia como máquinas ontológicas quedó resumida de manera magistral por una participante en un *reality show* español, de la que se decía que había realizado una felación a otro de los participantes. Su contestación, toda una declaración de posición ontológica: «No está grabado, no ha sucedido». *Esse est percipi*. Por mejor decir, *percipi est esse*. Solo lo que aparece en la pantalla existe. Y también lo inverso: todo lo que aparece en la pantalla es real. Como apunta Bourdieu, la televisión tiene «efectos de real».[7]

Vivimos bajo el régimen del simulacro. Nuevamente, Platón nos pone sobre la pista de nuestra realidad: «¿... no podría suceder que los jóvenes, que están aún lejos de la realidad de los hechos, quedaran hechizados por argumentos que entran por los oídos, cuando se

7   Pierre Bourdieu, *Sur la télévision*, Liber, París, 1996, p. 20.

les mostraran imágenes sonoras de todas las cosas, de modo que hicieran que ellos creyeran que lo dicho es lo real y que quien lo dice es el más sabio de todos en todo?».[8] ¿Acaso veía Platón la CNN?

Del mismo modo que Deleuze aboga por la creación de una nueva imagen del pensamiento fuera de la lógica de la representación, de lo que se trata es de crear una nueva imagen de la comunicación que parta de ese mismo presupuesto. No cabe duda de que la lucha por la comunicación, por la producción de subjetividad, es una de las luchas políticas fundamentales de nuestro presente, por no decir la más relevante. No en vano, como apunta Ibáñez, el sujeto es el objeto más acabado de la sociedad capitalista,[9] gracias, fundamentalmente, a la acción de los medios de comunicación. También por la comunicación pasa la posibilidad de construcción de subjetividad antagonista.

Liberar la comunicación, proponía Negri:

> Desde el punto de vista de los procesos de subjetivación, la alternativa se resuelve con celeridad: para vivir debemos comunicar, para comunicar debemos liberarnos del control de la comunicación. El tema revolucionario, que es el mismo que el de los procesos de subjetivación, es la toma de posesión de la comunicación como ámbito creativo de la multitud de las singularidades; es, por consiguiente, la afirmación ontológica de la comunicación liberada. La comunicación se convierte en horizonte humano en la que es el contexto de un proceso de liberación.[10]

Liberación de la comunicación constituida en anarquía coronada del régimen de los simulacros como co-

8   Platón, *El sofista*, p. 251.
9   Jesús Ibáñez, *Más allá de la sociología*, Siglo XXI, Madrid, 1986, p. 58.
10   Toni Negri, «Meditando sobre la vida. Autorreflexión entre dos guerras», *Anthropos*, 144, Barcelona (1993), p. 22.

pias rebeldes de lo real. Copia que se sabe transgresora de la mirada establecida, canónica. Que no renuncia a un decir verdad, desde la verdad de la relatividad, desde el perspectivismo que nos caracteriza. Rescatar la comunicación de las garras de los poderes que la unidimensionalizan, tal como denunciaba Marcuse. Rescatarla de la lógica de la representación, de su cuádruple yugo, tal como lo define Deleuze.[11] En especial, del cuarto de sus componentes: la semejanza en la percepción.

Pluralizar la mirada como objetivo. Algo que la ingenuidad cómplice de Vattimo entendía como uno de los logros de lo que él denomina «la sociedad transparente». Frente a la creencia de que los medios podían ser un instrumento para la «multiplicación de las agencias interpretativas»,[12] tal como defiende Vattimo, estos se han convertido en el mayor instrumento de producción de pensamiento único. Por ello, se trata de producir nuevos cauces, espacios lisos que desborden los espacios estriados de la comunicación dominante.

Para ello, se impone asumir una nueva lógica de la mirada, en la que la percepción ya no se caracterice por la semejanza, sino por la diferencia. Pues el percibir no es el acto pasivo, reproductivo, que quiere la lógica dominante, sino el efecto de una intervención subjetiva sobre la realidad, hasta el punto de que la realidad queda sometida a esa intervención subjetiva. En ese sentido, la tecnología supone una baza a favor del desmontaje de la lógica de la representación. Los disposi-

---

11   Deleuze, *Diferencia y repetición,* p. 417.
12   Gianni Vattimo, «Post-modernidad, tecnología, ontología», en Francisco Jarauta (ed.), *Otra mirada sobre la época,* Colegio Oficial de Aparejadores Técnicos de Murcia, Murcia, 1994, p. 81.

tivos que han convertido al sujeto en un cyborg,[13] en «terminal de múltiples redes»,[14] como dice Baudrillard, le ofrecen la posibilidad de convertirse en sujeto activo de la comunicación.

Ciertamente, es este un tema controvertido, pues son muchas las voces que han subrayado los efectos de dominación y enajenación de las nuevas tecnologías. Esos efectos son innegables, y suscribimos muchas de las críticas que autores como Virilio o Sloterdijk han expuesto. No cabe duda de que la potencia comunicativa de nuestro presente viene acompañada también por la irrelevancia de la mayor parte de lo que se comunica. Nunca se había comunicado tanto para decir menos. La banalidad es una de las señas de identidad de nuestro presente. Sin embargo, también es posible observar una dimensión positiva, desde una óptica política y social, de las tecnologías de la comunicación.

En este sentido, cabe subrayar el papel que las redes sociales desempeñaron en el desarrollo de las movilizaciones del 15-M en España. Que calles y plazas se llenaran cotidianamente durante meses fue consecuencia, en buena parte, de la utilización de las redes sociales y de la tecnología de la información como instrumento de movilización. No cabe duda de que la colocación en manos de los sujetos de dispositivos capaces de producir comunicación, de transmitir una mirada sobre la realidad, abre las puertas a una nueva situación, en la que el sujeto ya no es, exclusiva y necesariamente, consumidor de información, sino productor de la misma. En algún

13   Al respecto, véase Juan Manuel Aragüés, *De la vanguardia al cyborg. Una mirada a la filosofía actual,* Prensas de la Universidad de Zaragoza, Zaragoza, 2020.
14   Jean Baudrillard, *El otro por sí mismo,* Anagrama, Barcelona, 1988, p. 13.

lugar he señalado que una de las principales líneas de oposición de nuestras sociedades es la que separa a los productores de información de los consumidores de la misma, en cuanto productores y consumidores de realidad.[15] Las nuevas tecnologías producen una brecha en esa estratificación social, pues todo sujeto puede convertirse en productor de comunicación.

Comun-icar. Poner en común, hacer común nuestra propia mirada. Pero desde una lógica invertida, no en cascada, de arriba abajo, sino de abajo arriba, desconstruyendo, en el sentido más estricto del término, esas topologías jerarquizadas. Es habitual en las manifestaciones ver a los manifestantes grabar todo lo que sucede, especialmente las cargas policiales, para evitar que la única imagen sea la que produce el poder. Por ello, los Gobiernos quieren ilegalizar ese tipo de grabaciones, para evitar otra mirada que aquella que busca criminalizar las protestas. Las múltiples voces e imágenes que proliferan en las redes son piezas del puzle de una realidad nunca dada, constantemente producida. Poner en común esas miradas, esas voces, comun-icarlas puede ser la estrategia para esa «ceremonia de reapropiación del mundo» a la que Lyotard denominaba Revolución.

---

15   Véase Juan Manuel Aragüés, *Líneas de fuga. Filosofía contra la sociedad idiota*, Fundación de Investigaciones Marxistas, Madrid, 2002.

3.
La trampa de la identidad
o sobre cómo construir
un sujeto antagonista

Introducción

Venimos apuntando que la política contemporánea tiene uno de sus episodios fundamentales en los procesos de construcción de subjetividad. Jesús Ibáñez establecía, con enorme acierto, en las décadas finales del siglo XX, que «el individuo es el objeto más cuidadosamente fabricado por el sistema capitalista»,[1] mientras que Negri, por esas mismas fechas, nos recordaba que «combatir es hoy únicamente una ética»,[2] lo que puede ser entendido como la construcción de un *ethos* antagonista con los modos y maneras de vida establecidos por el capital. Es decir, que, tanto desde la óptica del poder como desde la contestación al mismo, la subjetividad se convierte en campo de batalla privilegiado.

Con ciertas matizaciones, es posible establecer una reflexión semejante en torno al sujeto colectivo, al sujeto político. La matización radica en que, desde el poder, de lo que se trata es de cortocircuitar la posibilidad de construcción de ese sujeto. Sin embargo, desde

---

1 Ibáñez, *Más allá de la sociología,* p. 58.
2 Toni Negri, *Fin de siglo,* Paidós, Barcelona, 1992, p. 42.

posiciones antagonistas, el empeño es exactamente el contrario: construir un sujeto como sustento de prácticas políticas que erosionen el actual estado de cosas. Y si decimos construir es, por tanto, porque entendemos que ese sujeto no está dado, que sus perfiles no se hallan dibujados, aunque quizá ocultos, en el ser social, sino que es preciso el enorme esfuerzo de su producción. El sujeto político carece de un perfil teórico cerrado, de una identidad establecida. Por el contrario, es plural, diverso y se construye en las propias prácticas políticas. Debemos recordar al respecto lo que Marx indicaba en *Miseria de la filosofía:* que la clase se constituye en la lucha de clases, es decir, que la lucha es uno de los momentos de la constitución de la clase.[3]

A diferencia de lo que defienden otros autores, no nos parece relevante el nombre que le demos a ese sujeto. Clase, pueblo, multitud, son denominaciones habituales y que tienden a generar, incomprensiblemente a nuestro modo de ver, campos enfrentados. Como si los conceptos, esos que la tradición materialista, de Spinoza a Deleuze, pasando por Marx, se ha encargado de mostrar como ineficaces herramientas propias del idealismo, tal como señalábamos en el capítulo anterior, debieran convertirse en piedra de toque inexcusable, en un campo de batalla sobre el que fuera preciso sembrar cadáveres políticos. ¡Qué poco atentos hemos estado a lo que Marx indicaba con contundencia en su Tesis II sobre Feuerbach! Que solo la práctica, y no la teoría, es criterio de verdad.

Aquí hemos apostado por el concepto de multitud. Y en ocasiones nos hemos preguntado por qué lo he-

3 Karl Marx, *Miseria de la filosofía*, Orbis, Barcelona, 1984, p. 187.

mos hecho. Quizá sea porque multitud, frente a clase o pueblo, nos parece un concepto menos concreto y descriptivo, que difícilmente pueda ser identificado con un colectivo sociológicamente reconocible, lo que deja más espacio a la idea de la necesaria construcción del sujeto. Quizá sea por eso, o por los azares de las lecturas, vaya usted a saber. En todo caso, que a nadie se le erice el vello al leer multitud, no es confesión de filiación negriniana, aunque encontramos en el italiano muy interesantes herramientas para la reflexión teórica. En todo caso, y si resultara un trago demasiado amargo, recurriremos a la suprema estrategia de Spinoza, tal como la definía Althusser, y diremos: *multitudo sive populus*. Que cada cual escoja su concepto. Pero, en todo caso, que se apreste a su construcción.

La trampa de la identidad

Vivimos nuevos tiempos, que exigen ser pensados. Esta evidencia, tan de sentido común, supone ya toda una declaración de materialismo que debiéramos ser capaces de aprovechar para explicar y entender las dinámicas del pensamiento, de la ideología. Frente a la pretensión constante de todo discurso dominante de presentar el pensamiento como algo, en su sustancia última, eterno e inmutable, el materialismo puede contestar, con extrema sencillez, que los tiempos cambian y, con ellos, los contenidos del pensamiento.

El materialismo, en su historia, no es ajeno a los procesos que él mismo describe para el acontecer histórico. El materialismo también está sometido a luchas y conflictos que derivan en posiciones de poder que se hacen hegemónicas. Y que, como tales, en demasiadas ocasiones, acaban olvidando los presupuestos materialistas que las alumbraron para pasar a defender tópicos del pensamiento idealista como la inmutabilidad del pensamiento. Y así, ese materialismo que ha dejado de serlo, aunque se siga denominando así, se apresura a sacralizar textos, a convertirlos en dogmas, traicionando, de esa manera, el empeño materialista que los vio nacer. Y nos recuerdan lo que los dioses del materialismo escribieron en las tablas de la ley. Porque nos quieren hacer olvidar que no hubo tales dioses, pues el materialismo no cree en ellos.

Los tiempos cambian. Marx y Engels lo recordaban en *La ideología alemana,* cuando escribían que «llamamos comunismo al movimiento real que anula y supera el estado de cosas actual».[4] Sin ninguna duda, Marx, en estos albores del siglo XXI, hubiera escrito cosas muy diferentes. Seguro que con la misma potencia revolucionaria, pero diferentes. Porque Marx, lo dijo él mismo, no era marxista,[5] es decir, entendía que la única fidelidad que le cabía era la de ajustar sus análisis a la realidad concreta y cambiante, no a unos textos redactados para una coyuntura concreta. Si la coyuntura cambia, los textos cambian. Cabe recordar la enorme bronca con que obsequió a sus seguidores rusos, que se empeñaban en aplicar *El capital* a Rusia. Marx se lo reprocha con dureza y les advierte de que «sucesos notablemente análogos, pero que tienen lugar en medios históricos diferentes conducen a resultados totalmente distintos. Estudiando por separado cada una de estas

---

4   Karl Marx y Friedrich Engels, *La ideología alemana,* Grijalbo, Barcelona, 1970, p. 37.
5   «Todo lo que sé es que yo no soy marxista», declaró un airado Marx a su yerno, Paul Lafargue, a finales de los años setenta del siglo XIX, para marcar distancias con aquellos que, en Francia, se proclamaban sus seguidores.

formas de evolución y comparándolas luego, se puede encontrar fácilmente la clave de este fenómeno, pero nunca se llegará a ello mediante el pasaporte universal de una teoría histórico-filosófica general cuya suprema virtud consiste en ser suprahistórica».[6] De manera harto significativa, en el análisis de la realidad rusa, Marx se hallaba mucho más cercano de los populistas que de sus propios seguidores, que creen apoyarse en sus textos para desarrollar sus posiciones políticas. Marx, en Rusia, no hubiera sido marxista. Bueno, ya hemos dicho que no lo era, pero en Rusia menos todavía.

Los tiempos cambian. Y, por tanto, desde el materialismo es preciso ajustar el discurso a las nuevas realidades sociales. Por eso K. Korsch señalaba aquello de aplicar el materialismo histórico al materialismo histórico.[7] Y en ese debate estamos. Un debate absolutamente necesario a tenor de la velocidad y profundidad de los cambios que suceden. Vivimos un momento de aceleración histórica cuyo final no se atisba. Un compañero de luchas, allá por la época de la caída del Muro de Berlín, definía la aceleración histórica del momento como que «nunca nos habían dado tantas hostias y tan rápido». Afortunadamente, vivimos ahora esa aceleración sin la sensación de profundo estupor y desorientación con que asistimos a la radical transformación del mundo que supuso la desaparición de la URSS. Con menos hostias, sí, aunque con mayores peligros en el horizonte, me atrevería a decir.

Decía que estamos en debate para ajustar nuestro discurso. Y esa es, desde mi punto de vista, la mayor

---

6   Karl Marx y Friedrich Engels, *Correspondencia,* Cartago, Buenos Aires, 1972, p. 301.

7   Karl Korsch, *Marxismo y filosofía,* Ariel, Barcelona, 1984.

virtud del libro con el que me gustaría dialogar a lo largo de las siguientes páginas, *La trampa de la diversidad*, de Daniel Bernabé. Que un libro de esas características se haya convertido en un éxito editorial, con numerosas reediciones, que haya provocado un extenso debate, es una magnífica noticia, incluso aunque, como en el caso del que esto escribe, no se comparta lo fundamental de sus tesis. Soy de los que creen, quizá con cierta ingenuidad, que solo en el debate franco, abierto y sincero, es posible generar algo de luz sobre la realidad y promover un amplio sujeto colectivo. Por eso, no se vea en lo que sigue una descalificación radical de lo expuesto en esa obra, sino el señalamiento de los elementos que no me parecen acertados desde el que creo que es común empeño de generar un discurso y una práctica que sirvan para erosionar el sistema.

He de decir que la actitud de Bernabé me parece valiente, en un momento en el que en la izquierda se está instalando el repugnante discurso de lo políticamente correcto, ese sí importado directamente del liberalismo más rancio. Nuestra casa se está convirtiendo en un campo de minas por el que es preciso transitar con extremo cuidado, pisando con delicadeza, para no hacer estallar alguna bomba inesperada. Recuerdo el estupor y desaliento que me embargó hablando con mi hija mayor, Inés, estudiante de tercero de grado en la Complutense de Madrid, a los pocos días que aquel maravilloso acontecimiento que fue el 8 de marzo de 2018, en el que el feminismo se mostró como el movimiento con mayor potencial para encabezar un proceso colectivo. Mi hija, a pesar de la alegría por el éxito, también me señaló su preocupación por las actitudes inconvenientes que había advertido en la gran manifestación. No esperaba que ese malestar procediera de haber observado cómo grupos de mujeres avanzaban realizando el tradicional gesto feminista de juntar los dedos gordo e índice de ambas manos, simbolizando un genital femenino. Al parecer, aquello podía ofender a quienes, mujeres, carecen de ese órgano. Pensé que si no somos capaces de trascender ese tipo de cuestiones, carecemos de cualquier horizonte político. Porque, al final, a fuerza de pensar palabras y gestos que a nadie puedan provocar un leve rasguño, tendremos que permanecer callados y quietos, por si acaso.

Valentía, decía, pero desenfocada, que corre el riesgo de tirar al niño con el agua sucia, como suele decirse. La diversidad (o diferencia, esto también lo discutiremos) no es producida por el posmodernismo neoliberal, por utilizar las categorías empleadas por Bernabé.[8] Claro que el capitalismo, en su enorme inteligencia, es capaz de aprestarse a fagocitar todo discurso crítico y a convertirlo en un nicho de mercado, como ya hizo, por cierto, con un icono revolucionario como el Che, poco sospechoso de pertenecer a ese entorno de la diversidad que se critica. Pero una cosa es que lo fagocite, y otra muy diferente que lo produzca de manera premeditada. Ni el pacifismo hijo de la Guerra Fría, ni el feminismo, ni la ecología, ni el animalismo, ni el movimiento LGTBI son artefactos ideados exprofeso por el capital para generar nuevos nichos de mercado. Además de, de ese modo, antropomorfizar al capitalismo, al entender que toma decisiones a través de una voluntad que actúa al modo de la voluntad humana, este tipo de análisis se aleja de un planteamiento materialista, que entiende que todo lo que acontece es efecto de dinámicas sociales: el feminismo,

8   Daniel Bernabé, *La trampa de la diversidad*, Ediciones Akal, Madrid, 2018.

en parte, como consecuencia de la incorporación de la mujer al trabajo en el contexto del esfuerzo industrial bélico de la I y II Guerra Mundial; el ecologismo, del desaforado crecimiento industrial de Occidente en su fase del capitalismo de consumo, el pacifismo, de la escalada armamentística fruto de la Guerra Fría.

La diversidad, la diferencia, no implica, necesariamente, como parece entender Bernabé, posiciones sectarias, solo atentas a los intereses de su estrecho y específico campo. La diversidad no tiene por qué ser idiota, volcada en su *idion*, en su particularidad, que es lo que quiere decir dicho concepto de origen griego. Sí que hay una diversidad idiota, sin duda, pero como también esa idiocia ha atravesado a ciertos sectores del movimiento obrero, que han despreciado otro tipo de luchas que no fueran las económicas. Precisamente de lo que se trata, y eso será lo que defenderemos, es de tejer redes entre las diferentes luchas en una perspectiva koinota, tendente a lo común. Lo común *(koinon)* frente a lo particular *(idion)*, he ahí uno de los ejes de nuestro debate.

Coincido en la centralidad de las luchas materiales, tal como las define Bernabé. Pero dejando claros dos matices. Primero, que hay que ver cómo se gestiona esa diversidad para no hacerla incompatible con otras demandas inexcusables. Es evidente, por ejemplo, que lo ecológico no puede ser dejado de lado a la hora de afrontar la lucha en el ámbito económico, que el planeta y su supervivencia tiene que ser colocado en el centro de las preocupaciones políticas. El productivismo desaforado, probablemente estemos de acuerdo, ya no puede ser la manera de afrontar los problemas del desempleo. También es una evidencia que el enfoque feminista de algunas cuestiones de la economía, por ejemplo la concesión de microcréditos a través de mujeres, más implicadas en la reproducción de la familia, y no de hombres, ha resultado efectivo. Qué decir de la más que evidente brecha salarial. Segundo, que, como recordaba Marx a sus seguidores rusos, esas luchas deben ser moduladas en los diferentes lugares del planeta en función de sus específicas realidades sociales. De hecho, es el desarrollo del Estado de bienestar en Europa el que contribuye a atenuar las luchas económicas y conceder un mayor protagonismo a otro tipo de contradicciones del capitalismo.

El problema de fondo que aprecio es que, en realidad, tanto en el ámbito de la diversidad como en el del obrerismo, tienden a adoptarse posiciones identitarias, esencialistas, que impiden la articulación de un amplio sujeto antagonista. La trampa no es la diversidad, sino la identidad, las políticas de identidad. Cuando se defiende que para participar en una lucha es preciso poseer una identidad concreta (ser mujer para ser feminista, ser obrero para ser anticapitalista, ser LGTBI para implicarse en la lucha por el reconocimiento de derechos, ser «racializado» para combatir el racismo), se adopta una posición excluyente que cortocircuita las luchas. ¿Acaso Marx trabajó en alguna fábrica? No, pero ello no es inconveniente para que, sin ninguna duda, forme parte del movimiento obrero, de la clase obrera. Porque, como bien dice el autor de *El capital,* la clase no es algo que esté dado, sino que se construye en el proceso de la lucha. De tal modo que pertenece a la clase obrera todo aquel, aquella, que se implica en la lucha contra el capital. Y, por extensión, podemos entender que forma parte de la lucha feminista toda aquella, todo aquel, que se enfrenta al patriarcado, independientemente de su condición de sexo-género. Porque además, lo constatamos a diario, ser obrero no garantiza ser revolucionario, siquiera progresista, del mismo modo que ser mujer no implica ser feminista. Por lo tanto, no se trata de determinar qué lucha engloba a las demás, qué identidad es más amplia y merecedora de articular al resto. Se trata, más bien, de entender que, más allá de esas luchas concretas, es posible desarrollar un programa de encuentro que nos permita converger en un proyecto compartido. Creo que en los diferentes sujetos que protagonizan nuestras luchas late ya esa idea, que somos muchas y muchos los que sabemos que existe un enemigo común al que derrotar y que eso no se consigue desde planteamientos estrechos y parciales. Sabemos, incluso, que lo que queremos desde una perspectiva ecologista, por ejemplo, no se puede articular sin un profundo cambio de sistema que debe ser abordado desde múltiples perspectivas. Nuestras pieles, sin duda, son más sensibles a ciertos temas, nos sentimos más afectados por determinadas problemáticas, pero ello no impide que seamos conscientes de que nuestra preocupación no es la única legítima. Somos diversos, sí, pero no idiotas.

Nos situamos así ante el gran reto político que nos concierne: cómo construir un amplio sujeto antagonista. Y si digo construir es porque ese sujeto no está dado, no está ahí, ante nuestros ojos, en forma de obreros, mujeres, negros, lesbianas. No se trata de lo que alguien es, sino, una vez más, Marx nos lo recuerda, de cómo se comporta, de cómo actúa, de qué prácticas desarrolla. No se trata de hacer consciente a la obrera de que es obrera, a la mujer de que es mujer, al indio de que lo es; lo saben perfectamente. Más bien, se trata de tomar consciencia de las múltiples caras en que se manifiesta la opresión, la dominación, la explotación, en las sociedades contemporáneas y de construir un sujeto, múltiple, diverso, para hacerles frente. Como apunta J. Butler de manera certera, «los derechos por los que luchamos son de carácter plural y no se limitan a la identidad; es decir, que no es una lucha a la que únicamente puedan adscribirse unas identidades en concreto, sino que se trata de una lucha que sin duda quiere ampliar lo que entendemos por "nosotros"».[9] Bienvenido sea, bienvenida sea, toda aquella persona que se implique en la lucha, independientemente de su color, origen social, orientación sexual o condición laboral.

No cabe duda de que el fundamento de cualquier propuesta teórica adecuada, en el ámbito de lo político, debe partir de un correcto diagnóstico de la realidad. A ello es a lo que nuestra tradición materialista ha denominado como realismo. Y es, precisamente, lo que la diferencia de un idealismo que, como bien argumenta Althusser, consiste en contarse cuentos que uno acaba por creerse. Sin embargo, la izquierda, que también experimenta sus derivas idealistas, se apresura, en ocasiones, a contarse cuentos que, si bien mitigan sus sufrimientos, erosionan su eficacia política.

El último cuento que parece quererse contar una cierta izquierda es aquel que hace de la diversidad una taimada trampa neoliberal, ideada para erosionar las poderosas herramientas teóricas y las prácticas hegemónicas del pasado. La nostalgia suele ser una poderosa lente deformante, como lo eran los espejos cóncavos del callejón de Gato, que dieron lugar al esperpento. Figura encomiable en lo literario, pero poco recomendable para tareas políticas. No parece que refugiarse en el verso de Manrique que

9   Judith Butler, *Cuerpos aliados y lucha política,* Paidós, Barcelona, 2017, p. 71.

nos dice que «todo tiempo pasado fue mejor», en unos tiempos en los que la termodinámica ya ha mostrado científicamente la irreversibilidad del tiempo, pueda tener alguna utilidad política.

De idiotas a koinotas: la construcción de la multitud

Desde la perspectiva materialista que venimos defendiendo, la constatación de la diferencia como constitutiva de las subjetividades solo deja una vía a la política: la del encuentro. En ese sentido, se aleja de ciertas concepciones de la diferencia que hacen de esta un escollo para los procesos políticos de construcción de lo común. En efecto, hay una concepción de la diferencia que, a fuer de reivindicarla y promoverla, ya que no la entiende como origen, sino como proyecto, desemboca en procesos identitarios que subrayan las discrepancias antes que los posibles elementos comunes. Desembocamos, de ese modo, en ciertas políticas de la identidad caracterizadas por una mirada particularizante, atenta exclusivamente a las cuestiones propias del sujeto al que pretenden dar voz. Mucho se viene discutiendo en los últimos tiempos sobre esta cuestión, acusando a ciertos sectores sociales, como el feminismo, el animalismo o los colectivos LGTBI, de desempeñar este tipo de políticas. Sin embargo, ante lo que nos encontramos es ante una línea de demarcación entre políticas idiotas y políticas koinotas que es posible rastrear en todas las luchas sociales.

Cuando hablo de políticas idiotas, me refiero, como se ha apuntado más arriba, al sentido etimológico de la palabra «idiota», procedente del vocablo griego *idion,* que designa aquello que no es capaz de salir de su particularidad. Por el contrario, y a partir de la palabra griega *koinon,* común, es posible plantear políticas koinotas, es decir, volcadas en la producción de lo común. Ciertamente, la idiocia política afecta a diferentes luchas sociales, pero a todas por igual. Nos encontramos con sectores del feminismo, del animalismo, pero también del obrerismo, que desatienden los vínculos con otros sectores sociales y propugnan políticas esencialistas, que pretenden representar a un sujeto que consideran ya constituido. Políticas que, en última instancia, aunque desde nuevos (y viejos) discursos, reproducen los gestos sectarios tradicionales en la izquierda y se muestran incapaces de trascender estrechos intereses particulares; o que pretenden, como ocurre en ciertos sectores del obrerismo, encarnar una voz universal que representaría al conjunto de las reivindicaciones sociales. Frente a esas políticas idiotas, es preciso desarrollar políticas koinotas, de construcción de un amplio sujeto social, la multitud, capaz de implicarse en la lucha por lo común.

Deleuze resumió de modo magistral la cuestión de los posibles enfoques de la diferencia en las páginas de *Diferencia y repetición.* Allí escribe:

> Consideremos dos proposiciones: solo lo que se parece difiere; y solo las diferencias se parecen. La primera fórmula plantea la semejanza como condición de la diferencia; sin duda, exige también la posibilidad de un concepto idéntico para las dos cosas que difieren a condición de parecerse; implica también una analogía en la relación de cada cosa con el concepto; e implica finalmente la reducción de la diferencia a una oposición determinada por los tres momentos. Según la otra fórmula, en cambio, la semejanza, y también la identidad, la analogía, y la oposición, solo pueden ser consideradas como efectos, productos de una diferencia primera o de un sistema primero de diferencias.[10]

10   Deleuze, *Diferencia y repetición,* p. 202.

La reflexión ontológica deleuziana tiene una evidente dimensión política, pues, como él mismo apunta, «una de las cuales puede cambiarlo todo».[11] No es lo mismo entender la diferencia como algo que debe ser promovido, como, por tanto, una identidad en construcción excluyente, o como origen, realidad primera constituyente de las subjetividades, a partir de la cual no queda sino el camino de la construcción de lo común.

Pero, ¿cómo abordar la tarea? A continuación propondremos tres estrategias que, sin ser las únicas, nos parecen inexcusables para construir ese sujeto y esa política de lo común que entendemos se ampara en esa concepción de la diferencia de cuño spinoziano y deleuziano.

Comenzaremos por la que nos parece la más evidente de todas ellas: la determinación de un programa político compartido, uno de cuyos puntos básicos debe ser la determinación de aquello que ha de ser común, que no puede ser apropiado o explotado de manera particular o privada. La historia del capitalismo es, precisamente, la de la expropiación de los bienes comunes. Marx lo analizó en diferentes momentos de su obra, como el artículo sobre el robo de leña de la *Gaceta renana* o el capítulo sobre la acumulación originaria de *El capital*. El neoliberalismo ha profundizado en estos procesos de expropiación de lo común, hasta el punto de que D. Harvey habla de la «acumulación por desposesión».[12] Laval y Dardot han prestado una gran atención a estas políticas de lo común y han llegado a la conclusión de que no se trata de definir qué bienes son comunes por su naturaleza, sino que, simplemen-

---

11   *Ib.*, p. 203.
12   «El "nuevo" imperialismo: acumulación por desposesión», en Leo Panirch y Colin Leys (eds.), *Socialist register*, Clacso, Buenos Aires, 2004.

te, se trata de otorgarles política y jurídicamente esa condición.[13] Será la potencia de la multitud, su eficacia política, la que trace los límites de lo común.

Ese programa político debe encarnar lo que denominamos el *conatus de la multitud*. Spinoza nos advertía que todo individuo posee un *conatus*, es decir, una tensión hacia la permanencia en el ser. Tensión a la que podemos dotarle de una dimensión política, social, no en vano para Spinoza todo individuo tiene un carácter compuesto, de tal modo que es posible entender que la multitud también está atravesada por su *conatus*, por su tendencia a la supervivencia. Cada vez resulta más evidente que el desarrollo del capitalismo nos lleva a que la contradicción capital/trabajo, constitutiva del mismo, se haya ampliado para convertirse en una contradicción capital/vida. El capital se muestra opuesto a la supervivencia del planeta y, con él, de la especie humana. De tal modo que el *conatus* de la multitud se ha de expresar mediante un programa anticapitalista sustentado en un proyecto de lo común.

Pero más allá de esta cuestión, es decir, de un programa que se debe construir en paralelo a un movimiento político también en construcción, es preciso proceder a un intenso trabajo de producción de subjetividad mediante la génesis de un nuevo sentido común antagonista. La tradición materialista ha subrayado en numerosas ocasiones, por ejemplo, a través de la pluma de Gramsci, el carácter histórico del sentido común. Frente a las teorizaciones del idealismo que, consecuente con su concepción de una naturaleza humana común y ahistórica, entiende el sentido común como una ex-

13   Christian Laval y Pierre Dardot, *Común: ensayo sobre la revolución en el siglo XXI*, Gedisa, Barcelona, 2015, pp. 659 y ss.

presión de esa naturaleza humana, un análisis muy básico del proceso histórico muestra que las diferentes sociedades son generadoras de diferentes sentidos comunes, que se expresan en sus convicciones morales, religiosas, filosóficas y, también, en las prácticas cotidianas. Un mercado de esclavos, por poner un ejemplo muy claro, no es pensable en una sociedad occidental contemporánea, mientras que era una tónica habitual en las sociedades antiguas, que incorporaban la esclavitud a su sentido común. Pues bien, el sentido común de las sociedades neoliberales o, por decirlo de otro modo, las formas hegemónicas de pensar y entender la realidad en la actualidad, está orientado a la reproducción y mantenimiento de estas sociedades, por lo que no es útil, en absoluto, para desarrollar una práctica política alternativa. Por ello resulta imprescindible la impugnación de este sentido común y la promoción de una nueva mirada sobre el mundo. Sousa Santos ha ponderado la necesidad de construir ese sentido común crítico, propio de lo que él define como un posmodernismo de oposición.[14] Solo desde la transformación de las formas hegemónicas de pensar es posible transitar a una nueva forma social o, cuando menos, transformar significativamente la existente. Pero es preciso advertir que este no es un trabajo del ámbito exclusivo de lo teórico. Ya Marx y Engels apuntaban, en las páginas de *La ideología alemana*, que la práctica y el acontecer social tienen mucho que ver en la producción de la conciencia: «...tanto para engendrar en masa esta conciencia comunista como para llevar adelante la cosa misma, es necesaria una transformación en masa de los hombres,

---

14   Boaventura de Sousa Santos, *El milenio huérfano*, Trotta, Madrid, 2005.

que solo podrá conseguirse mediante un movimiento práctico, mediante una *revolución*».[15] Marx y Engels parecen indicarnos que el cambio social debe ir por delante de los cambios en las formas de pensamiento, pues, como también señalan en esta obra, «es la vida la que determina la conciencia». Es decir, la producción de ese sentido común crítico al que venimos haciendo referencia debe conjugar los momentos teórico y práctico para garantizar su real concreción. El 15-M, por ejemplo, fue efecto, sin duda, de un estado, quizá difuso, de malestar social, pero fue también causa, origen, de un cambio en los modos de pensar de quienes se implicaron en la movilización. Mucha gente que nunca lo había hecho, salió a la calle a mostrar su desazón y allí, en las plazas, adquirió conciencia de la necesidad de despensar nuestro modo de vida, advirtió que es posible mirar la realidad de otro modo. Y la historia nos enseña, por vía negativa, las más de las veces, que sin la génesis de una nueva conciencia social, las revoluciones están abocadas al fracaso. La multitud es, precisamente, ese colectivo imbuido de un nuevo sentido común antagonista. Ese nuevo sentido común adquiere su expresión ética en una posible reformulación del imperativo categórico kantiano ajustado a la dimensión de lo común: actúa de tal modo que tus actos propicien el *conatus* de la multitud, el mantenimiento en el ser de la humanidad en su conjunto.

La producción de esa nueva forma hegemónica de mirar tampoco debe ser dejada al exclusivo ámbito de la razón. A pesar de los empeños ilustrados de racionalización de la vida y del sujeto, desde mediados del xix, y sobre todo con la aparición del psicoanálisis, se ha

15   Marx y Engels, *La ideología alemana*, p. 83.

venido subrayando la existencia en el ser humano de una faceta deseante, afectiva, irracional, como la queramos calificar, que desempeña un intenso papel en las prácticas subjetivas. El capitalismo ha sabido ver muy bien esa dimensión y la ha utilizado para la reproducción del sistema, como puede constatarse, por ejemplo, en la publicidad. Por ello resulta de un gran interés la teoría de los afectos que está desarrollando en la actualidad Fréderic Lordon, pues en ella se pretende concitar esas dos dimensiones caracterizadoras de lo humano: la racional y la deseante. Lordon, en la estela de Spinoza, entiende que toda actuación humana procede de algún afecto exterior, hasta el punto de que nada escapa a esa influencia. Esos afectos externos pueden ser de carácter racional o deseante, pero la mera racionalidad de un afecto no garantiza su eficacia. Como dice el sociólogo Pierre Bourdieu, parafraseando también a Spinoza, «las ideas verdaderas no tienen fuerza intrínseca», lo que le parece «la frase más triste de toda la historia del pensamiento».[16] Por ello, la política, desde la perspectiva, que compartimos, de Lordon, «no es un asunto "de ideas", sino un asunto de producción de ideas *afectantes*, lo que supone añadirles un suplemento».[17] Existen ideas verdaderas, señala Lordon, que no nos afectan, como la del cambio climático, que no es capaz de modificar efectivamente la actuación humana. Por el contrario, el capitalismo ha sabido movilizar de manera tremendamente eficaz los afectos para producir los efectos deseados en las subjetividades. El capitalismo tiene en la seducción su estrategia política más eficiente, pues

---

16   Pierre Bourdieu, *Interventions, 1961-2001,* Agone, Marsella, 2002, p. 325.
17   Lordon, *Los afectos de la política,* p. 75.

consigue que el sujeto haga, con el desconocimiento de las causas que le impelen, aquello que interesa a la reproducción social. Por ello, la batalla política no es, solamente, la de las ideas justas y correctas, sino de las estrategias por las que esas ideas consiguen llegar a los sujetos, afectarles. En nuestro caso, para promover prácticas alternativas en el seno de la multitud.

El liberalismo, como ideología dominante de la Modernidad, es un discurso que nos quiere idiotas, es decir, volcados en nuestra particularidad. De ahí su elogio del individuo y su pretensión de cortocircuitar cualquier intento de construcción de colectividad. Sin embargo, la experiencia nos muestra que el ser humano es un ser de vínculos, que nunca vive en el aislamiento particular. Desde su propia gestación, el sujeto está vinculado a una red de relaciones, más o menos extensa, pero siempre presente. Somos individuos, sí, pero individuos sociales, como acotaba Marx. El más simple de nuestros gestos, como encender el ordenador en la soledad de nuestro despacho, por poner un ejemplo, exige de toda una red relacional que lo sostenga, bajo la forma de la producción de ese dispositivo, de generación de la energía que le resulta imprescindible, etc. Podríamos decir que nuestra existencia es, siempre, un nosotros. Por ello, se impone una política de lo común, koinota, que dé curso a esa colectividad que nos constituye, que nos hace más fuertes y que nos permite vivir mejor. Construir la multitud de lo común es, qué duda cabe, la tarea política de nuestra época.

4.
El *conatus* de lo común.
Del capitalismo idiota
a la sociedad koinota

El capitalismo contra lo común.
Hacia la sociedad idiota

Como decíamos al concluir el capítulo anterior, una de las formas de realizar la historia del capitalismo consiste en analizarlo como una estrategia, prolongada en el tiempo y el espacio, de erosión de las economías de lo común. Si decimos *economías*, en plural, es porque estamos pensando tanto en los procesos de destrucción de las propiedades comunales, que tan importante papel habían desempeñado en las sociedades tardomedievales, como de aniquilación de lo que E. P. Thompson denominó «economía moral de la multitud»,[1] ese amplio elenco de costumbres y prácticas solidarias que habían acompañado durante siglos a los sectores populares europeos y que el capitalismo observaba como un obstáculo en la construcción de subjetividades ajustadas a los nuevos ritmos y exigencias sociales.

Como es bien sabido, K. Marx, en el capítulo XXIV del tomo I de *El Capital,* dedicado a la acumulación

---

1   Edward P. Thompson, *Costumbres en común,* Capitán Swing, Madrid, 2019.

originaria, diseccionó de manera minuciosa el proceso de expropiación de bienes comunes que se halla en el origen del capitalismo británico. Frente a la idealización de los procesos de acumulación realizados desde la economía política burguesa, en los que aquella queda explicada por la laboriosidad de una parte de la población frente a la ociosidad del resto en un lejano tiempo sin ubicación cronológica precisa, Marx, desde la coherencia materialista, acude a la historia real para dar cuenta del real desarrollo de los hechos. Y así, contra el «punto de vista de la cartilla infantil», propio del liberalismo, Marx escribe: «Sabido es que en la historia real desempeñan un gran papel la conquista, la esclavización, el robo y el asesinato; la violencia, en una palabra [...]. El recuerdo de esta cruzada de expropiación ha quedado inscrito en los anales de la historia con trazos indelebles de sangre y fuego».[2] A partir de esta declaración, Marx se aplica, con esmero, a señalar el desarrollo de este proceso de expropiación de lo común en Gran Bretaña entre los siglos XV y XIX, subrayando una más de las contradicciones del liberalismo, a saber, que su defensa de la propiedad lo es, exclusivamente, de la propiedad privada, a costa de la destrucción de la propiedad en común. Marx señala «la impasibilidad estoica con que los economistas contemplan las violaciones más descaradas del "sacrosanto derecho de propiedad", cuando estas violaciones son necesarias para echar los cimientos del régimen capitalista de producción».[3] A ese empeño de *priva*tización que, paradójicamente, *priva* a la inmensa mayoría de la sociedad del acceso a bienes comunes que

2   Karl Marx, *El Capital*, Fondo de Cultura Económica, México, 1986, pp. 607 y 609.
3   *Ib.*, p. 619.

se suponían la base de su economía, es al que se aplica el capitalismo para garantizar su consolidación, para lo que no duda en desarrollar una intensa represión frente a las masas populares. Entre los siglos XVI y XIX se desarrolla toda una arquitectura legislativa y teórica que tiene como objetivo disciplinar a la población e incorporarla al nuevo régimen capitalista en condiciones prácticas de esclavitud. Como señala Susan Buck-Morss, «la esclavitud doméstica fue respaldada por Thomas Hobbes, John Locke y Samuel Pufendorf como una solución conveniente al problema de cómo proporcionar disciplina social al creciente número de los así llamados "hombres sin dueño": los vagos, los criminales, los vagabundos y los indigentes».[4] Entre las medidas represivas, sirva como ejemplo la norma establecida por la reina Isabel en 1752: «Los mendigos sin licencia y mayores de catorce años serán azotados sin misericordia y marcados con un hierro candente en la oreja izquierda, *caso de que nadie quiera tomarlos durante dos años a su servicio.* En caso de reincidencia, siempre que sean mayores de dieciocho años y *nadie quiera tomarlos por dos años a su servicio,* serán ahorcados. A la tercera vez, se les ahorcará irremisiblemente como reos de alta traición».[5] La expropiación de bienes comunes tiene como consecuencia la aparición de una masa social proletarizada, a la que se le han usurpado sus medios de vida y cuya rabia debe ser domesticada o suprimida. Por ello, paralelamente al robo legalizado de tierras, a través de leyes por las que «los terratenientes se regalan a sí mismos en propiedad privada las tierras del pueblo, decretos

---

4 Susan Buck-Morss, *Hegel en Haití,* Fondo de Cultura Económica, México, 2008, p. 128.
5 Marx, *El Capital,* p. 626.

encaminados a expropiar al pueblo de lo suyo»,[6] se desarrolla un intenso trabajo de producción de subjetividad en el que «se va formando una clase obrera que, a fuerza de educación, de tradición, de costumbre, se somete a las exigencias de este régimen de producción como a las más lógicas leyes naturales».[7] Marx resume el conjunto del proceso del siguiente modo:

> La depredación de los bienes de la Iglesia, la enajenación fraudulenta de las tierras del dominio público, el saqueo de los terrenos comunales, la metamorfosis, llevada a cabo por la usurpación y el terrorismo más inhumanos, de la propiedad feudal y del patrimonio del clan en la moderna propiedad privada: he ahí otros tantos *métodos idílicos de la acumulación originaria*. Con estos métodos se abrió paso a la agricultura capitalista, se incorporó el capital a la tierra y se crearon los contingentes de proletarios libres y privados de medios de vida que necesitaba la industria de las ciudades.[8]

Pero, como decíamos, o, mejor dicho, como decía Marx, este proceso lleva aparejada una potente estrategia de construcción de subjetividad. El cristianismo había introducido, ya en la Antigüedad, una poderosa cultura de lo común, como queda atestiguado en los Hechos de los apóstoles (2:44, 4:32), donde se insta a los fieles a poner «todas las cosas en común», y una obra del siglo XVI de un autor de firmes creencias cristianas, *Utopía*, de Thomas More, también apunta a la propiedad común. Por ello, el capitalismo tiene que destruir todos esos lazos comunitarios instalados en la sociedad, pues, como apunta con acierto Thompson, «las relaciones económicas son, a la vez, relaciones morales; las relaciones de producción son al mismo tiempo relaciones, de opresión o de cooperación, entre perso-

6   *Ib.*, p. 617.
7   *Ib.*, p. 627.
8   *Ib.*, p. 624.

nas; y existe una lógica moral, al igual que una lógica económica, que se deriva de estas relaciones. La historia de la lucha de clases es al mismo tiempo la historia de la moralidad humana».[9] Acabar con la «economía moral de la multitud» es una tarea paralela a la privatización de los bienes comunes, de ahí que la rebeldía de los sectores populares sea, como se encarga de señalar también Thompson, una rebeldía conservadora, pues se empeña en la defensa de costumbres y tradiciones que habían acompañado a la economía de lo común.[10] La innovación capitalista echa mano de procesos represivos y normalizadores, como señala con acierto Silvia Federici en su *Calibán y la bruja,* donde escribe: «Tendencia general de este periodo es que cualquier reunión potencialmente transgresora —encuentros de campesinos, campamentos rebeldes, festivales y bailes— fuera descrita por las autoridades como un posible aquelarre».[11]

Esta tensión entre lo individual y lo colectivo en los orígenes del capitalismo puede observarse con nitidez en el debate de Putney de 1647, en el marco de la guerra civil inglesa. Tras su victoria sobre las tropas reales, el *New Model Army,* capitaneado por Cromwell, debate de modo democrático sobre el desarrollo del proyecto político que debe encarnar la revolución. Dos posturas se sustancian en el mismo: por un lado, la de quienes, desde los sectores populares representados por cavadores y niveladores, defienden el sufragio universal masculino, por otro, la de quienes, en representación de la pequeña nobleza y la burguesía terrateniente y comer-

9   Edward P. Thompson, *Agenda para una historia radical,* Crítica, Barcelona, 2000, p. 123.

10   Thompson, *Costumbres en común,* p. 65.

11   Silvia Federici, *Calibán y la bruja,* Traficantes de Sueños, Madrid, 2010, pp. 272-273.

cial, pretenden vincular derechos políticos y propiedad privada. Para estos últimos, solo la propiedad privada hace acreedores a los sujetos del derecho de participación política, como subraya Ireton, lugarteniente de Cromwell, en su intervención: «Aquellos que eligen a los representantes que elaboran las leyes por las que tiene que ser gobernado este Estado y este país son las personas que comprenden los intereses de este reino; esto es, aquellas que poseen las tierras y los miembros de la corporación, que tienen en sus manos todo el comercio».[12] La revolución inglesa permite visualizar la verdadera tensión que atraviesa la época y que, de modo curioso, se manifiesta en el propio seno de las fuerzas revolucionarias: aquella que enfrenta a los defensores de la propiedad privada y de la propiedad común. La revolución supone el triunfo de lo que algunos han dado en denominar el «individualismo propietario», de tal modo que los verdaderos derrotados en la misma, a pesar de pertenecer al bando vencedor, son los sectores populares defensores de la propiedad común, quienes, como el Tersites homérico, son privados de voz. De este modo, el proceso legislativo queda en las exclusivas manos de quienes pretenden transformar la propiedad común en (su) propiedad privada.

Neoliberalismo:
el devenir idiota del capital

La historia es siempre el resultado de correlaciones de fuerzas. A lo largo de buena parte del siglo xx, la potencia del movimiento obrero supuso un efectivo

---

12   Marco Revelli (present.), *Los debates de Putney,* Capitán Swing, Madrid, 2010, pp. 158-159.

contrapeso a las pretensiones del capital y arrancó del mismo un extenso elenco de derechos sociales que protegieron los intereses colectivos de una buena parte de la población. Lo que conocemos en Europa como Estado de bienestar fue fruto de esa específica coyuntura. Por ello, tras la caída del Muro de Berlín, roto ese equilibrio, el capital pisó de nuevo el acelerador de su política de privatizaciones y de expolio de lo común. Con esta afirmación no estamos reivindicando, en modo alguno, el modelo del socialismo real, del estalinismo, pues entendemos que nada tiene que ver con los anhelos que estallan con la Revolución de Octubre. Lo único que pretendemos es señalar una coyuntura precisa en la que el capitalismo se veía contrarrestado por un otro que actuaba en el imaginario social como alternativa al mismo y como resistencia a su hegemonía.

El neoliberalismo es, precisamente, fruto de una nueva coyuntura en la que el capital se siente libre de trabas y amenazas y puede recobrar su proyecto inicial sin necesidad de maquillajes. De ahí que en las últimas décadas hayamos asistido, tal como señalan Laval y Dardot, a una «nueva ola de cercamientos»[13] en la que buena parte de los servicios públicos —educación, sanidad, pensiones, incluso el entretenimiento— ha sufrido una potente agresión con el objetivo encubierto de promover su privatización. Si algo caracteriza al neoliberalismo es su reiterada estrategia de deterioro de los servicios públicos con el objetivo de erosionar la cultura de lo colectivo y facilitar oleadas privatizadoras con el argumento del mal funcionamiento de unos servicios que, previamente, han sido boicoteados. Vemos de nuevo

13   Laval y Dardot, *Común: ensayo sobre la revolución en el siglo XXI*, p. 21.

cómo la intervención sobre la materialidad económica y sobre el imaginario social se dan la mano. Nos atreveríamos a decir que en el neoliberalismo los procesos de construcción de una subjetividad sometida a los intereses depredadores del capital anticipan, en ocasiones, esos mismos procesos de privatización de lo colectivo. El neoliberalismo busca construir sujetos idiotas, incapaces de salir de su estrecho mundo, de levantar la mirada de la pantalla de sus dispositivos, de preguntarse por el futuro colectivo, pues esa idiocia allana el camino para la acusada pleonexia del capital, su insaciable deseo de más.

Es preciso señalar, como ya se intuía en el párrafo anterior, el enorme papel que concedemos en este proceso a la tecnología. La tecnología ha colonizado nuestras vidas, de tal modo que la inmensa mayoría de nuestros gestos, tanto en el ámbito laboral como en el del entretenimiento, están vinculados a ella. Como ya señalara Marx en su certero análisis sobre la cuestión de las máquinas y del *intelecto general* en los *Grundrisse*,[14] el capitalismo, lejos de utilizar la máquina como un instrumento para la liberación del trabajo, de emplearla en beneficio de los intereses colectivos, la utiliza como medio dirigido en exclusiva al dominio y a la extracción de plusvalía. Como señalara, allá por 1872, Samuel Butler en su novela *Erewhon. Un mundo sin máquinas,* publicada en 1872, «¿Cuántas personas a la hora presente se hallan viviendo en un estado de servidumbre respecto de las máquinas? ¿Cuántas pasan su vida entera, desde la cuna hasta la tumba, atendiéndolas día y noche? ¿No es acaso claro que las má-

---

14   Véase al respecto Aragüés, *Deseo de multitud. Diferencia, antagonismo y política materialista.*

quinas están ganando terreno sobre nosotros cuando reflexionamos sobre el número siempre en aumento de aquellos que les están ligados como esclavos?».[15] En nuestras sociedades hipertecnologizadas, la tecnología ha propiciado que se borre la frontera entre ocio y trabajo, pues el trabajo nos acompaña a través de dispositivos que voluntariamente cargamos con nosotros. Convertido en «terminal de múltiples redes», tal como señalaba Baudrillard,[16] el *cyborg* capitalista, un *cyborg* idiota, se abisma en sus dispositivos y lleva al extremo la tendencia individualizadora del capital. Economía y modo de ser *(ethos)* se dan la mano, pues nuestro ocio tecnológico se convierte en negocio, de tal modo que la subjetividad contemporánea puede resultar más productiva en sus momentos de ocio que en los de trabajo. Tanto en el ocio como en el trabajo, y en el ocio que se vuelve trabajo, el neoliberalismo acentúa los perfiles idiotas del sujeto, le abisma en su individualidad, culminando ese plan que se había iniciado con las propuestas del liberalismo de la Modernidad.

Hacia una sociedad koinota

Antes de reflexionar sobre las posibles estrategias para construir una sociedad donde lo común vuelva a tener un peso decisivo, es preciso realizar algunas aclaraciones.

La primera de ellas se refiere al propio concepto que se utiliza para caracterizar el presente capítulo, el concepto de koinota. Aunque ya lo hayamos señalado

15   Christopher S. Butler, *Erewhon. Un mundo sin máquinas*, Ediciones Abraxas, Barcelona, 1999, p. 193.
16   Baudrillard, *El otro por sí mismo*, p. 13.

más arriba, nos gustaría insistir en que, con este neologismo, pretendemos ofrecer un contrapunto lingüístico al concepto *idiota,* plenamente asentado en numerosas lenguas y que remite en su etimología al adjetivo *idion,* lo particular o singular. El idiota *(idiotes),* lo sabemos, es para los griegos aquel que no se ocupa de los asuntos públicos, que solo se ocupa de su interés particular. El antónimo de *idion* es *koinon,* que hace referencia a lo común, de tal modo que el koinota es el sujeto que se ocupa y preocupa por lo común.

Una segunda aclaración remite al uso, o no uso, del concepto *comunismo.* Como señala Frédéric Lordon en su libro *Figures du communisme,* «la fatalidad histórica del comunismo es que *nunca ha tenido lugar* y, sin embargo, está cargado de imágenes desastrosas»,[17] a pesar de lo cual el autor apuesta por seguir utilizando el término. Apuesta, a nuestro modo de ver, muy problemática y de muy escasa eficacia política, al menos en estos momentos, por lo que nos decantaremos, a la espera de mejores términos, o mejores tiempos, por hablar de la sociedad koinota.

Pero entremos en la cuestión: ¿cómo construir esa sociedad koinota?, ¿cómo reconstruir una economía moral de lo común? Condición indispensable de ello es visualizar la estrategia capitalista de ruptura de vínculos, de destrucción de lo colectivo, en su pretensión de construir una sociedad sobre la (falsa) individualidad de los sujetos. Y decimos falsa por cuanto a pesar de todos los esfuerzos que puedan realizarse, el sujeto no dejará de ser nunca un ser atravesado por infinitas relaciones. La independencia del sujeto, su singularidad y

17   Frédéric Lordon, *Figures du communisme,* La fabrique, París, 2021, p. 16.

aislamiento, no es sino una potentísima construcción ideológica, tremendamente eficaz, pero completamente desajustada de la realidad. Como señala con enorme acierto Cornelius Castoriadis, el idealismo, que es la filosofía en la que se cobija el capitalismo, es una «fantástica empresa —extremadamente poderosa, además— de ocultación del ser humano social histórico»[18] y, por lo tanto, de sus vínculos reales. Se trata, consecuentemente, de cargar contra el núcleo central de la antropología de la modernidad, la idea de un sujeto singular y aislado, de un «imperio dentro de otro imperio»,[19] por remitir a la conocida crítica de Spinoza a Descartes. Pues ese sujeto singularizado es el núcleo duro, tal como señala Lordon, del liberalismo, cuya «matriz metafísica» es preciso «pulverizar».[20]

El carácter relacional del sujeto humano es una realidad difícilmente cuestionable.[21] Nuestra propia gestación se realiza —con permiso del desarrollo tecnológico y su vocación individualizadora— en estrechísimo vínculo con un cuerpo otro. Pero es que nuestra llegada al mundo no hace sino multiplicar esos vínculos, hasta el punto de que el ser humano sería incapaz de sobrevivir sin toda esa red de atenciones que se concitan a su alrededor tras el nacimiento. Y a lo largo de nuestra vida esa red, aunque cambiante, se mantiene. No hay gesto, incluso los realizados en la intimidad de nuestro cuarto de baño, en el aislamiento de nuestro despacho,

---

18   Cornelius Castoriadis, *La ciudad y las leyes,* Fondo de Cultura Económica, México, 2012, p. 255.

19   Spinoza, *Ética,* p. 170.

20   Frédéric Lordon, *La sociedad de los afectos,* Adriana Hidalgo Editora, Buenos Aires, 2018, p. 25.

21   Sobre la política como un «entre», véase Jesús Ezquerra, *Polis y caos,* Prensas de la Universidad de Zaragoza, 2021.

que no sean dependientes de circuitos de energía, de conductos de distribución, de utensilios sostenidos o creados por el trabajo anónimo de infinidad de otros que sostienen nuestra vida. Como dice Fischbach: «la esencia de los hombres se localiza en el "comercio" *(Verkehr)* de los hombres; en otras palabras, la esencia humana no se sitúa ni *antes* de ellos, ni *más allá* de ellos, ni tampoco *en* cada uno de ellos, no está en otro lugar que *entre* ellos».[22] De ahí la acertada idea de transindividualidad desarrollada por Étienne Balibar, según la cual, y siguiendo a Spinoza, «los individuos se conservan *descomponiéndose* y *recomponiéndose* virtualmente, "intercambiando" constantemente con otros individuos "partes" o "afecciones" que ponen en común con ellos en función de la "totalidad" más grande y más compleja en la que deben integrarse para sobrevivir».[23]

Para abordar la aventura de lo común, remitiremos a unos de los conceptos centrales de la filosofía de Spinoza: el concepto de *conatus*. Dicho concepto establece que «cada cosa se esfuerza, cuanto está a su alcance, por perseverar en su ser».[24] Un esfuerzo que, bajo su forma consciente, Spinoza asimila al deseo, de modo que «nosotros no intentamos, queremos, apetecemos ni deseamos algo porque lo juzguemos bueno, sino que, al contrario, juzgamos que algo es bueno porque lo intentamos, queremos, apetecemos y deseamos».[25] Dicho de otro modo, el *conatus* es un esfuerzo, una

---

22   Franck Fischbach, *La production des hommes. Marx avec Spinoza,* Vrin, París, 2014, p. 146.

23   Étienne Balibar, *Spinoza politique. Le transindividuel,* PUF, París, 2018, p. 307.

24   Spinoza, *Ética,* p. 181 (parte III, prop. VI).

25   *Ib.,* p. 183 (parte III, prop. IX).

predisposición nos parece más adecuado decir, deseada para permanecer en el ser, para sobrevivir. La vida, su mantenimiento, se constituye como objetivo primero y mínimo de una ética, tal como nos señalaba Enrique Dussel.[26]

Aquí conviene recordar una segunda cuestión referente a la filosofía spinoziana, como es la consideración del carácter compuesto de todo individuo, de tal modo que el sujeto político colectivo, la multitud en la terminología de Spinoza, es también un individuo y, por lo tanto, debiera poder asignársele un *conatus*. Esto es lo que perseguimos cuando planteamos la idea de un *conatus de lo común* o un *conatus de la multitud* del que derivamos un imperativo, de evidentes resonancias kantianas, y que diría así: «Actuemos de tal modo que nuestras acciones permitan el común mantenimiento en el ser, la supervivencia humana». Un actuar que, en la lógica spinoziana, debiera estar impulsado por el deseo y no por una autoobligación de carácter moral.

Enfermedad, guerra, pérdida de ecosistemas, migración desesperada y muerte constituyen el horizonte de nuestra época. Este siniestro panorama convive, y no acaba de hacer cortocircuitar, el imaginario de goce de las sociedades mediáticas de consumo. Ibáñez nos hablaba de ese goce, que abole toda dimensión de futuro para instalarnos en un presente que todo lo llena, como característico de las sociedades que hacen del consumo su forma central de producción y reproducción: «En el capitalismo de consumo —apunta Ibáñez— todo el tiempo se abate sobre el presente».[27]

---

26 Enrique Dussel, *Ética de la liberación*, Trotta, Madrid, 1998.
27 Jesús Ibáñez, *A contracorriente*, Fundamentos, Madrid, 1997, p. 161.

En el capitalismo de consumo tecnológico neoliberal, el deseo constituye la palanca fundamental de las prácticas subjetivas e inviste plenamente a los individuos, puesto que, como señalan Deleuze y Guattari, «forma parte de la infraestructura».[28] Como bien ha señalado Lordon, fordismo y posfordismo se complementan a la hora de construir sujetos ajustados a las pulsiones del deseo. El fordismo a través de un deseo transitivo, dirigido al objeto, bajo la forma de consumo. El posfordismo mediante un deseo intransitivo dirigido a la construcción de sí propia del capitalismo neoliberal.[29] Es decir, el aterrador panorama ante el que nos encontramos no promueve, al menos de momento, alternativas vitales capaces de paliar los devastadores efectos de la sociedad contemporánea. No se trata tanto de que no exista una conciencia social de las enormes tensiones a las que está sometido actualmente el planeta, y con él la humanidad, como de que esa conciencia no consigue construir un deseo otro, proyectarse en una alternativa social, que parece clausurada. Quizá porque a la suma de esos malestares, de la guerra, de la enfermedad, del colapso ecológico, de la migración desesperada, del feminicidio, no se le adjudica la etiqueta identificadora y unificadora que le conviene, capitalismo, de tal manera que el problema, a pesar de lo que señala Jameson,[30] no sea que «nos resulta más fácil imaginar el total deterioro de la tierra y de la naturaleza que el derrumbe del capitalismo», sino que este último no es sino un término empleado, casi en

28   Gilles Deleuze y Félix Guattari, *El Anti Edipo*, Paidós, Barcelona, 1985, p. 110.
29   Frédéric Lordon, *Capitalismo, deseo y servidumbre*, Tinta Limón, Buenos Aires, 2015, pp. 69-70.
30   Fredric Jameson, *Las semillas del tiempo*, Trotta, Madrid, 2000, p. 11.

exclusiva, por quienes ya poseen una actitud crítica hacia el mismo. La enorme eficacia del capitalismo en la construcción de subjetividades se muestra, entre otras cosas, en el hecho de que esa subjetividad se muestra incapaz de señalar, y mucho menos denunciar, el carácter capitalista de la sociedad contemporánea. La burguesía, y con ella el capital, siempre han jugado al escondite.[31]

De ahí la necesidad de hilvanar los malestares, mostrarlos como las múltiples caras de nuestro presente, como condición inexcusable para pronunciar ese gran no que desencalle el presente y nos permita, abandonando la exclusividad de las políticas de resistencia, comenzar a perfilar el porvenir. Pero, ¿cómo modelar los actos para que se dirijan en esa dirección? ¿Cómo hacer para que el capitalismo no monopolice las pasiones alegres y deje al antagonismo las pasiones tristes? ¿Cómo, en suma, transitar de una alegría idiota a una alegría (del) común, koinota? En realidad, lo que planteamos no es sino volver a revisar, por enésima vez, las estrategias para la construcción de una subjetividad antagonista.

Para ello se nos antoja imprescindible partir de la idea de la política como un *ars affectandi,* tal como señala Lordon. Que todos nuestros actos responden a una causa es algo que ya Spinoza señaló en los orígenes de la Modernidad. A esas causas las denominó afectos, en la medida en que afectan a los sujetos. Empeñado en analizar a los seres humanos tal como son y no tal como nos gustaría que fuesen,[32] Spinoza señaló la doble condición del ser humano, racional y pasional a un tiempo, de tal modo que los afectos que afectan al suje-

---

31 Ibáñez, *A contracorriente,* pp. 67-68.
32 Baruch Spinoza, *Tratado político,* Alianza Editorial, Madrid, 1986.

to pueden pertenecer al orden de la razón o al orden de las pasiones. La política, por tanto, como *ars affectandi*, es un conjunto de estrategias, racionales y pasionales, de construcción de subjetividad, estrategias de las que el capital se ha mostrado maestro consumado. Rara vez los seres humanos somos afectados por razones o pasiones puras; nuestros actos son, por lo tanto, una inevitable mezcla de razón y pasión.[33] La gestión política de la subjetividad pasa por el delicado doble ejercicio de racionalizar las pasiones, para no quedar sometidos a la potencia de las mismas sin el tamiz de la reflexión, y de apasionar nuestra razón, para evitar que se convierta en un frío cálculo desatento a las pulsiones sociales. Pero como de política hablamos, y de política, además, antagonista, este ejercicio debe realizarse con una mirada colectiva, que entienda nuestra condición, como señalaba Marx, de «individuos sociales»,[34] íntimamente relacionados los unos con los otros. Resulta especialmente importante instalarse, como señalábamos más arriba, en una dimensión «transindividual»,[35] tal como señala Balibar, en una ontología de la relación, en la que los límites y confines del individuo quedan difuminados por las múltiples conexiones (a otros individuos, a objetos, a otros seres, al mundo en suma) que en realidad nos conforman. El sujeto como multiplicidad relacional que solo se salva si *lo demás* se salva.

Todo ello no hace sino profundizar en una concepción de la subjetividad en la que se amalgaman nece-

33   Spinoza, *Ética*. Tema también desarrollado por Balibar en *Spinoza politique. Le transindividuel*, p. 304.
34   Karl Marx, *Líneas fundamentales de la crítica de la economía política. Grundrisse*, en OME 21, Crítica, Barcelona, 1977.
35   Balibar, *Spinoza politique. Le transindividuel*, PUF, París, 2018.

sariamente la dimensión racional y la pasional y que desemboca en la necesidad de lo que Silvia Rivera Cusicanqui denomina un «sentipensar itinerante».[36] Pero no es solamente en este aspecto en el que Rivera Cusicanqui puede servirnos de eficaz ayuda para afrontar los retos que venimos desgranando. Su apuesta por un mundo *ch'ixi*, mezclado, mestizo, hecho con los miles de hebras que tejen un paño y que en su estrecha conexión componen una realidad unitaria en su diversidad, exige estrategias novedosas que rompan con los usos tradicionales del pensamiento. En ese sentido, apunta una cuestión que enlaza con nuestra preocupación por la cuestión del común al entender que el pensamiento debe ser una tarea colectiva, abordada desde la complicidad: «Considero que hay que formar colectivos múltiples de pensamiento y acción, *corazonar* y pensar en común, para poder enfrentar lo que se nos viene».[37] Me parece especialmente relevante esa noción de corazonar que, aunque ella remite a los saberes maya y aymara, que proponen pensar con el corazón y la memoria, también puede ser leída como co-razonar, es decir, razonar en común, con una razón que no se siente ajena, más bien al contrario, al corazón. Porque la inteligencia estratégica, como nos recuerda el Comité Invisible,[38] remite al corazón. Porque, como señala muy convenientemente de nuevo Balibar, «todas las ciudades están constituidas —es decir, "unificadas"— *a la vez* por me-

36   Silvia Rivera Cusicanqui, *Un mundo ch'ixi es posible,* Tinta Limón, Buenos Aires, 2018, p.59.
37   *Ib.,* p. 72.
38   «La inteligencia estratégica proviene del corazón y no del cerebro», Comité Invisible, *A nuestros amigos,* Pepitas de calabaza, Logroño, 2015, p. 17.

canismos pasionales y por conveniencias racionales».[39] Ello nos exige, continúa Cusicanqui, pertrecharnos de una «brújula ética»[40] que nos permita movernos entre mundos diversos.

El corazón, con su carga metafórica, parece convertirse en una palabra clave en este asunto. Volvamos a Spinoza, si es que lo hemos dejado en algún momento. Más en concreto a su *Tratado político*, al capítulo V, titulado «Del fin último de la sociedad», donde se establece que «el fin del estado político [...] no es otro que la paz y la seguridad de la vida»,[41] lo que asimila a aquel Estado «en que los hombres viven en concordia y los derechos comunes se mantienen ilesos».[42] *Concordia*, por tanto, como régimen pasional que conviene a una sociedad justa. Es la sintonía de los corazones la que se convierte en garantía del máximo desarrollo de la convivencia humana, pues, como apunta en la parte IV de su *Ética*, «lo que engendra la concordia tiene que ver con la justicia, la equidad y la honestidad».[43] Nos parece muy relevante el vínculo que establece Spinoza entre la concordia y los derechos comunes. En primer lugar, es preciso señalar que se refiere al *mantenimiento* de los derechos comunes, no a su producción, lo que nos habla, evidentemente, de un momento en el que estos son una realidad social que se halla en peligro. Recordemos, por tanto, que el siglo XVII contempla un cruento proceso de expropiación de derechos y bienes comunes, especialmente en los países en los que el capitalismo comienza a desarrollarse, como es el caso de Inglaterra

39 Balibar, *Spinoza politique. Le transindividuel,* p. 313.
40 Rivera Cusicanqui, *Un mundo ch'ixi es posible,* p. 70.
41 Spinoza, *Tratado político,* p. 119.
42 *Ib.,* p. 119.
43 Spinoza, *Ética,* p. 331.

y los Países Bajos. Es importante señalar esta cuestión porque nos habla de un pasado no demasiado lejano en el que la propiedad común desempeñaba un papel enormemente relevante en la vida de los pueblos. Hasta tal punto que, como señala Marx en *El Capital*, lo hemos mencionado más arriba, fue precisa una extrema violencia, que se prolongó durante siglos, para transformar la estructura propietaria de Occidente para ajustarla a las necesidades y exigencias del capitalismo naciente. Acaso convenga recordar las palabras con las que Rousseau da inicio, en 1755, a la segunda parte de su *Discurso sobre el origen de la desigualdad entre los hombres*:

> El primero a quien, después de cercar un terreno, se le ocurrió decir «Esto es mío», y halló personas bastantes sencillas para creerle, fue el verdadero fundador de la sociedad civil. ¡Cuántos crímenes, guerras, muertes, miserias y horrores habría ahorrado al género humano el que, arrancando las estacas o arrasando el foso, hubiera gritado a sus semejantes: «¡Guardaos de escuchar a este impostor; estáis perdidos si olvidáis que los frutos son para todos y que la tierra no es de nadie!».[44]

Sobre ese eficaz olvido —olvido, incluso, de que se ha olvidado— es sobre el que se funda nuestra sociedad capitalista. Pero, más allá de esta cuestión, y en segundo lugar, resulta obligado señalar el vínculo que Spinoza establece entre concordia y propiedad común o, por mejor decir, entre discordia y propiedad privada. Lo vuelve a señalar en su *Tratado político:* «Otro elemento que desempeña un importante papel en favor de la paz y la concordia es que ningún ciudadano posea bienes inmuebles».[45] De donde podemos deducir que si la concordia es la base para la paz y la justicia y que

44   Jean-Jacques Rousseau, *Discurso sobre el origen de la desigualdad entre los hombres*, Orbis, Barcelona, 1984, p. 101.
45   Spinoza, *Tratado político*, p. 146.

si la sociedad humana, como individuo colectivo, pretende ejercer su *conatus* para mantenerse en el ser, los derechos comunes han de desempeñar un papel muy relevante a la hora de construir relaciones sociales que nos alejen de la pulsión suicida que se ha apoderado de nuestras sociedades neoliberales. Concordar. Conseguir que nuestros corazones, amasijos de pasiones y razones, co-razonen, se amalgamen, sentipiensen en la constitución de un común, de una transindividualidad, capaz de cobijar nuestras diferencias. Ese es el empeño político del presente.

Organizar la sedición

Irse, alejarse. Esa es la etimología latina de la palabra sedición, en la que el verbo ir *(ire)* se arma con el prefijo *se* para anunciar un movimiento de fuga. Nos hallamos, no cabe duda, ante una gran fuga, una fuga doble, en la que, a diferencia de la fuga como forma musical, donde el tema principal no deja de repetirse de diferentes modos a lo largo de la pieza, de lo que se trata, precisamente, es de borrar toda huella de ese origen para construir una melodía de nuevo cuño. Decíamos que fuga doble por cuanto se trata de huir tanto de la sociedad que nos cobija como de nosotros mismos, es decir, modificar radicalmente el marco de vida para producir una nueva vida alejada de la idiocia social del neoliberalismo coetáneo.[46]

Como hemos venido señalando a lo largo del texto, todo movimiento subjetivo, desde la óptica de Spinoza,

46   Sobre esta cuestión, véase Juan Manuel Aragüés, *De idiotas a koinotas. Para una política de la multitud,* Arena Libros, Madrid, 2020.

viene mediado por el deseo. Por ello, la sedición, la revolución, también debe estar alimentada de deseo, como nos recuerdan Deleuze y Guattari: «A menudo los revolucionarios olvidan, o no les gusta reconocer, que la revolución se quiere y se hace la revolución por deseo, no por obligación».[47] Un deseo que, en el modelo fabril de inconsciente que manejan ambos autores, opuesto al teatro edípico, es resultado de una producción. Se trata, por tanto, de producir deseo de sedición, deseo de revolución, deseo de multitud.[48] Un deseo que pasa por una torsión subjetiva en la que lo individual deje paso a lo colectivo, lo idiota a lo koinota. En el que el pensar común del que nos habla Cusicanqui, o incluso Marx, a través de su concepto de Intelecto General, derive en una economía moral de la multitud.

Nuestro presente ha visto entrar la política en una profunda crisis. Tras la caída del Muro de Berlín, el presunto triunfo de las democracias liberales no ha hecho sino disolverse como consecuencia del descrédito en el que se han sumido sus elementos constituyentes, en especial el modelo de representación política.[49] Las revueltas del 2011, que recorrieron el mundo, fueron expresión de esta crisis y alumbraron la necesidad de una nueva política. Sin embargo, el proceso quedó cortocircuitado con una cierta velocidad, bien por la decidida intervención de los poderes sistémicos, como mostró de manera muy evidente el caso de Grecia y *Syriza,*

---

47   Deleuze y Guattari, *El Anti Edipo,* p. 416.

48   Sobre esta cuestión, véase Aragüés, *Deseo de multitud.* Pre-Textos, Valencia, 2018. Hay traducción francesa en versión digital: <https://una-editions.fr/desir-de-multitude/>.

49   En algún momento será preciso abordar la crisis de la representación en sus diversos ámbitos, político, sí, pero también epistemológico y ontológico. Esa tarea excede, en mucho, las pretensiones de este texto.

bien por las propias dinámicas de las organizaciones surgidas de esos procesos, como ha ocurrido en España con Podemos. Es decir, el necesario proyecto de repensar la política y sus formas organizativas sigue abierto.

En ese ámbito, uno de los retos más complejos es el de construir formas de relación y organización, imprescindibles para un proceso de sedición como el que apuntamos, que no estén asentadas en una ontología de las esencias, sino de las relaciones, de tal modo que las dinámicas de construcción resulten más eficaces, abiertas, plurales y se hallen presididas por la vocación de un horizonte koinota. La noción deleuziana de agenciamiento quizá pueda venir en nuestra ayuda. Escribe Deleuze: «Un agenciamiento es una multiplicidad que comporta muchos términos heterogéneos, y que establece uniones, relaciones entre ellos, a través de edades, de sexos, de reinos —a través de diferentes naturalezas—. La única unidad del agenciamiento es de co-funcionamiento: una simbiosis, una "simpatía". Lo importante no son las filiaciones, sino las alianzas y las aleaciones; ni tampoco las herencias o las descendencias, sino los contagios, las epidemias, el viento».[50] De contagiar se trata. Sin fiscalizar los orígenes ni las esencias, sino mediante la producción del deseo compartido.

<hr />

50   Gilles Deleuze y Claire Parnet, *Diálogos,* Pre-Textos, Valencia, 1980, p. 79.

5.
Sujeto político y lógica materialista.
A partir de Spinoza, Marx
y Deleuze

Introducción

Como veníamos diciendo, el pensamiento occidental se ha construido, sin duda alguna, desde la secular hegemonía del idealismo. Desde que el platonismo inaugurara, como señalábamos en el primero de los capítulos, una suerte de teología vergonzante, enormemente apreciada, como no podía ser de otro modo, por las religiones monoteístas, la filosofía ha hecho suyo un ejercicio de abstracción cuyo afán último consistía en la huida del mundo real. Recordemos que Platón, en las páginas de *El sofista*, ya nos hablaba de esa «gente terrible», que «arrastran todo desde el cielo y lo invisible hacia la tierra, abrazando toscamente con las manos piedras y árboles. Aferrándose a estas cosas, sostienen que solo existe lo que ofrece resistencia y cierto contacto; definen como idénticos la realidad y el cuerpo, y si alguien afirma que algo que no tiene cuerpo existe, ellos lo desprecian por completo y no quieren escuchar ninguna otra cosa». Platón les contrapone a quienes «se defienden muy discretamente desde cierto lugar elevado e invisible, sosteniendo vehementemente que la verdadera realidad consiste en ciertas formas inteligibles e incorpóreas».[1] Desde ese gesto inaugural —falsamente inaugural, por cuanto el pensamiento presocrático y la sofística, antes y al mismo tiempo que Platón, se aplican a desentrañar el mundo real—, la filosofía ha construido un arsenal conceptual ajustado a las abstracciones propias del Ser, del Todo, del Uno, «formas teológicas de una falsa filosofía», tal como las define Deleuze.[2] Dicho arsenal conceptual, producto de una razón que se aleja del mundo y de la vida, dio lugar, paralelamente, a una lógica formal atenta a concatenaciones y coherencias discursivas que, quizá impecables en ese campo, el de la abstracción lingüística, poco tienen que ver con el devenir de la realidad.

Las profundas inercias, la potentísima fuerza gravitatoria que el idealismo ha generado en el conjunto de la filosofía, obstaculiza enormemente la construcción de un discurso materialista con un perfil conceptual y una lógica propias. Pues no hay *un* lenguaje de la filosofía, sino *un* lenguaje del idealismo que, de tanto hacernos mirar hacia arriba para no tener la tentación de abrazar los bellos árboles del bosque de la vida, ha provocado una generalizada tortícolis epistemológica que afecta, también, a quienes pretende aproximarse a la realidad desde una perspectiva materialista. Pues, como escribiera Sartre, «...las ideologías arruinadas no se derrumban de un solo golpe, dejan paños de muralla en los espíritus».[3] Y tengamos en cuenta que el idealismo dista mucho de ser una ideología derrotada.

---

1 Platón, *El sofista*, pp. 287-288.
2 Gilles Deleuze, *Lógica del sentido*, Paidós, Barcelona, 1989, p. 268.
3 Jean Paul Sartre, *Mallarmé. La lucidez y su cara de sombra*, Arena Libros, Madrid, 2008, p. 142.

No es de extrañar que los gestos iniciales del discurso marxiano, especialmente entre 1841 y 1846, se dirijan a romper con el idealismo hegeliano. Aun reconociendo el valor de algunos aspectos de la filosofía de Hegel, Marx es muy consciente de que el discurso materialista solo puede construirse en abierto combate con toda forma de idealismo, incluido, claro está, el hegeliano. Por ello, Marx dedicará su tesis doctoral al análisis de la filosofía materialista de Demócrito y Epicuro, aunque apueste por el segundo, ya que considera que el suyo es un «materialismo de la libertad».[4] De este modo, Marx hace salir a la luz del día, y a la sombra de los árboles, ese discurso subterráneo del materialismo del que nos hablaba Althusser. No en vano, el concepto de vida resulta central en los textos marxianos iniciales, una vida que es la clave de todo discurso materialista que se precie de tal.[5]

Es nuestra intención, en las páginas que siguen, reflexionar, una vez más, desde una perspectiva materialista, sobre la cuestión del sujeto, tanto individual como colectivo. Reflexionar sobre los procesos de constitución de subjetividad y las estrategias de organización colectiva, intentando alejarnos de las tradicionales lógicas del idealismo que, en demasiadas ocasiones, siguen impregnando los discursos que se reclaman críticos o antagonistas.

Sobre la constitución del sujeto

Para entender la constitución del sujeto, tanto individual como colectivo, desde una perspectiva materia-

4   Karl Marx, *Diferencia entre la filosofía de la naturaleza de Demócrito y Epicuro*, Arena Libros, Madrid, 2023.
5   Véase al respecto Aragüés, *De idiotas a koinotas. Para una política de la multitud.*

lista, es preciso atender a una serie de cuestiones que, a nuestro modo de entender, a pesar de haber sido señaladas por diversos autores, no han sido suficientemente trabajadas ni han sido sistematizadas en la descripción de un proceso de constitución de subjetividad.

Señalemos, en primer lugar, la cuestión de la práctica. Dicha cuestión constituye una de las singularidades más relevantes del discurso de Marx, pues la práctica se convierte, tal como se apunta en la tesis II sobre Feuerbach, en criterio de verdad: «El problema de si a propósito del pensamiento humano puede o no hablarse de verdad objetiva no es un problema teórico, sino *práctico*. El hombre ha de acreditar la verdad, estos es, la potencia y realidad, la cismundaneidad de su pensamiento, en la práctica misma. La disputa acerca de la realidad o irrealidad del pensamiento —un pensamiento aislado de la práctica— es una disputa netamente *escolástica*».[6] Esto constituye, sin lugar a dudas, un giro radical con respecto a la tradición, pues remite los criterios epistemológicos al ámbito de la vida y no al de las abstracciones. En esa pretensión de alejamiento de los parámetros hegelianos que hemos señalado más arriba, Marx va a indicar que la transformación de la realidad, que, evidentemente, solo puede ser una transformación práctica, es paralela a la autotransformación del sujeto de esa práctica, autotransformación que se manifiesta como práctica. Es decir, que la transformación del sujeto no es entendida por Marx desde una perspectiva teórica, de autoconciencia, como hubiera sido lo propio en la concepción tradicional e idealista del sujeto, sino como práctica subjetiva. Así lo señala en la tesis III:

6 Karl Marx, «Tesis sobre Feuerbach», en Jacobo Muñoz, *Marx*, Península, Barcelona, 1988, p. 431.

«La coincidencia de la transformación de las circunstancias y de la actividad humana o autotransformación
no se puede captar y entender más que como *práctica
revolucionaria*».[7] A lo que añade, de modo contundente, en las páginas de *La ideología alemana:* «...tanto
para engendrar en masa esta conciencia comunista
como para llevar adelante la cosa misma, es necesaria
una transformación en masa de los hombres, que solo
podrá conseguirse mediante un movimiento práctico,
mediante una *revolución*».[8] La conciencia, parecen que-
rernos decir Marx y Engels, va por detrás de los acontecimientos, es el resultado de la actividad práctica del
sujeto y no al revés.

Lo que vale para el sujeto individual conviene también para el sujeto colectivo, para el sujeto político, de
tal modo que, en la lógica materialista de Marx, la lucha
de clases preexiste a las clases. Las clases se constituyen
en el proceso de lucha. En *Miseria de la filosofía* podemos encontrar de forma nítida este planteamiento:

> Las condiciones económicas habían transformado primero
> la masa del país en trabajadores. La dominación del capital ha
> creado a esta masa una situación común, intereses comunes. Así,
> esta masa es ya una clase enfrente del capital, *pero no lo es aún
> para ella misma* [cursiva JMA]. En la lucha, algunas de cuyas
> fases hemos señalado, esta masa se reúne, se constituye en clase
> para sí misma. Los intereses que defiende se convierten en inte-
> reses de clase. Y la lucha de clase a clase es una lucha política.[9]

Es la célebre distinción entre clase en-sí y clase para-
sí, pero en la que la constitución en clase para-sí no
procede de un proceso de concienciación teórica, sino
de práctica social. Es decir, la conciencia no puede ser

7   *Ib.,* p. 432.
8   Marx y Engels, *La ideología alemana,* p. 83.
9   Marx, *Miseria de la filosofía,* p. 187.

imbuida teóricamente desde fuera al sujeto proletario, sino que es efecto de una autoconstitución práctica. En *La ideología alemana,* de nuevo, aunque refiriéndose al periodo feudal, Marx y Engels habían escrito algo muy semejante: «Los diferentes individuos solo forman una clase en cuanto se ven obligados a sostener una lucha común contra otra clase».[10] La concepción sociológica de la clase, la clase en-sí, carece, por tanto, de efectividad política. De este modo, Marx impugna la lógica tradicional de raíz idealista en la que, sin ninguna duda, la clase debe ser condición inexcusable de la lucha de clases. En la lógica materialista, por el contrario, es la lucha de clases la que delimita el ser de la clase.

Nos encontramos, por tanto, con una concepción del sujeto, tanto individual como colectivo, en la que este es definido a partir de su práctica, es decir, carece de una esencia preestablecida. Recordemos que, nuevamente en las tesis sobre Feuerbach, en este caso en la tesis VI, se define la esencia humana como «el conjunto de sus relaciones sociales».[11] Algo que Fischbach, uno de los más atentos intérpretes de Marx y Spinoza, glosa del siguiente modo: «la esencia de los hombres se localiza en el "comercio" *(Verkehr)* de los hombres; en otras palabras, la esencia humana no se sitúa ni *antes* de ellos, ni *más allá* de ellos, ni tampoco *en* cada uno de ellos, no está en otro lugar que *entre* ellos».[12] Etienne Balibar abunda en esta cuestión mediante su idea de transindividualidad, según la cual, y siguiendo a Spinoza, «los individuos se conservan *descomponiéndose* y *recomponiéndose* virtualmente, "intercambiando"

10   Marx y Engels, *La ideología alemana,* pp. 60-61.
11   Muñoz, *Marx,* p. 432.
12   Fischbach, *La production des hommes. Marx avec Spinoza,* p. 146.

constantemente con otros individuos "partes" o "afecciones" que ponen en común con ellos en función de la "totalidad" más grande y más compleja en la que deben integrarse para sobrevivir».[13] La lógica materialista de Marx nos introduce en una ontología relacional, en la que las esencias son transitorias, inestables, en constante devenir. Marx se aleja del esencialismo del individualismo burgués, anclado en la idea de una naturaleza humana compartida, pero sin olvidarse, como ha hecho cierto marxismo, de la singularidad subjetiva, que es, precisamente, efecto del carácter social de las relaciones humanas. Es lo que lleva a Marx a acuñar el concepto de «individuo social», que hace de la dimensión subjetiva un efecto del conjunto de las relaciones sociales del sujeto. De ello se deriva una concepción del individuo atravesada por la diferencia que Marx mantendrá en sus escritos políticos de madurez, como la *Crítica del programa de Gotha,* donde aboga por el tratamiento diferencial de los sujetos mediante el principio de «de cada cual según su capacidad, a cada cual según su necesidad».[14]

La aproximación materialista al tema del sujeto tiene, al menos, una dimensión más. Es la que se refiere al carácter deseante de la subjetividad, tan habitualmente desatendida o entendida de modo peyorativo. Como bien señaló ya Spinoza, entender al ser humano como un ser exclusivamente racional es desconocerlo por completo. Por ello resulta muy útil el planteamiento que realiza Frédéric Lordon quien, desde Spinoza y la crítica al esencialismo antropológico del idealismo, entiende el sujeto como efecto de afectos de índole tanto

13   Balibar, *Spinoza politique. Le transindividuel,* p. 307.
14   Karl Marx, «Crítica del programa de Gotha», en *Obras escogidas II,* Ayuso, Madrid, 1975, p. 17.

racional como pasional, de lo que extrae una concepción de la política como *ars affectandi*.[15] En su empeño por alejarse de la vida, el idealismo construye una visión antropológica exenta de las pasiones que nos acompañan como sujetos. El materialismo, por el contrario, debe trabajar con los sujetos de carne y hueso, en los que racionalidad y pasiones se entremezclan. El deseo, como bien señalan Deleuze y Guattari, es un constituyente fundamental de la subjetividad.[16]

Hacia un sujeto antagonista

En las líneas que anteceden, hemos intentado desentrañar, desde una óptica materialista, algunas características fundamentales del sujeto y de su proceso de constitución. Frente al monolítico esencialismo del sujeto concebido por el idealismo, hemos perfilado un sujeto nómada, siempre en estado de constitución, relacional, delimitado por sus prácticas, atravesado por la diferencia y sometido, junto con su dimensión racional, a un potente régimen deseante. Este es el complejo material con el que ha de construirse un sujeto político que, Marx *dixit*, tampoco está atravesado por una esencia previa, sino que es fruto de encuentros y prácticas compartidas.

La cuestión es, por tanto, cómo ensamblar estos heterogéneos materiales, cómo, desde la diferencia constituyente de la subjetividad, construir un sujeto colectivo, un sujeto político.

Para ello, debemos partir, en primer lugar, de la conciencia de que dicho sujeto debe ser construido, es de-

15 Lordon, *Los afectos de la política*, p. 53.
16 Deleuze y Guattari, *El Anti Edipo*.

cir, de que no está ya dado. Decimos esto porque tanto en la tradición del marxismo clásico como en la teorización de la multitud en autores como Negri o Virno, se defiende que el sujeto —llámesele clase, pueblo o multitud— está ya dado y que solo se trata de su activación. Se recae, de una u otra manera, en la inconveniente dicotomía clase en-sí / clase para sí, que, desde un sociologismo simplificador, entiende que de lo que se trata es de activar un sujeto ya existente. Nos encontramos ante un teoricismo clásico en el que el sujeto viene definido *a priori* por unos caracteres específicos que permiten delimitarlo de modo estricto. Caracteres sociológicos de los que se deriva una necesaria práctica política. Lógica idealista, nos atreveríamos a decir. Pues la lógica materialista de Marx, como hemos señalado más arriba, atiende a las prácticas sin buscar esencias, privilegia los compromisos y entiende, por tanto, que el sujeto se construye en el proceso de las luchas. Como señala el Comité Invisible, en evidente sintonía con Marx, «no es "el pueblo" el que produce el levantamiento, es el levantamiento el que produce su pueblo, al suscitar la experiencia y la inteligencia comunes, el tejido humano y el lenguaje de la vida real que habían desaparecido».[17]

Tiene el sujeto, por tanto, algo de intempestivo y azaroso. Intempestivo en la medida en que responde a una coyuntura concreta; azaroso porque su aparición no está sometida a una estricta legalidad. De lo que se trata, precisamente, es, por decirlo con Deleuze, de «ser digno de lo que nos ocurre, esto es, quererlo y desprender de ahí el acontecimiento, hacerse hijo de sus propios acontecimientos».[18] Ante el estallido del acontecimien-

---

17   Comité Invisible, *A nuestros amigos*, p. 45.
18   Deleuze, *Lógica del sentido*, Paidós, Barcelona, 1989, p. 158.

to, el sujeto que lo protagoniza como efecto del mismo ha de ser capaz de constituirse, de modelar la multiplicidad que le caracteriza hacia prácticas compartidas. En suma, promover la construcción de lo común *(koinon)*.

Es aquí donde es preciso reflexionar sobre la cuestión de la diferencia. Hagámoslo de nuevo de la mano de Deleuze, recordando que, en las páginas de *Diferencia y repetición*, nos habla de dos tipos de diferencia, una sometida a la identidad, de la que, en cierto modo, pretende fugarse; otra, originaria. La precisión deleuziana a propósito de lo que podríamos denominar las vías de la diferencia resulta de gran pertinencia, como hemos señalado anteriormente. En efecto, existe una vía de la diferencia, de cuño hegeliano, nos atreveríamos a decir, cuya pretensión es dinamitar la idea de identidad, dominante a lo largo de la historia del pensamiento. Pero al pretender dinamitarla, queda presa de sus gestos e inercias. No consigue borrar su huella y se afana en un esfuerzo aniquilador que no hace sino reforzar su presencia. Promover la diferencia es entender la primacía de la identidad, generar microidentidades. Y así, el discurso lyotardiano, el que mejor ejemplifica, a nuestro modo de ver, esta posición, se ofusca en un ejercicio de diferenciación que carece de límite y que desemboca en la ontología del archipiélago.[19] Si, para acabar con la identidad, se trata de privilegiar la diferencia, resaltar aquello que nos separa, nos introducimos en una espiral que no conoce fin y que no sabe sino generar microidentidades que, a su vez, por lógica interna, tenderán a ser desconstruidas. Es lo que denominamos la diferencia *idiota*, aquella que solo sabe regocijarse en su

19   Véase Aragüés, *De la vanguardia al cyborg. Una mirada a la filosofía actual.*

pequeño mundo y que pugna sin cese por estrechar sus límites. Atravesados por sus idiolectos, los diferentes pierden, de este modo, cualquier capacidad de diálogo y encuentro, cortocircuitando cualquier gesto político. Pero existe otra vía, que según Deleuze «puede cambiarlo todo»,[20] a la que denominamos koinota.[21] Esta diferencia, de raíz spinoziana, nos atreveríamos a añadir, es consciente de su singularidad, no precisa de ningún gesto de reivindicación de la diferencia, pues ella misma constituye su ser. Esta diferencia sabe que la única posibilidad para la política, para la gestión del *entre* que enlaza a los sujetos,[22] es la construcción de lo común *(koinon)*.

Y aquí es donde reaparece la cuestión de la epistemología a la que aludíamos al principio del texto. Las inercias idealistas han provocado que en la tradición política crítica haya seguido operando lo teórico como criterio último de verdad, en abierta oposición a los planteamientos de Marx. Y lo ha hecho, además, desde una lógica de la identidad que ha continuado defendiendo una Verdad, con mayúscula, que se ha convertido en piedra de toque de pureza revolucionaria y, consecuentemente, del sectarismo más extremo. Es la desgraciada, por excluyente, historia del movimiento obrero: quien no conoce la Verdad está en el error y debe o convertirse o desaparecer. Una Verdad que, en realidad, es expresión epistemológica de ese Ser, Todo o Uno que Deleuze, y cualquier materialista coherente, considerará expresión de un discurso teológico. «Ni Dios, ni reyes, ni tribunos», dice *La Internacional*. Por ello, al mantener

---

20 Deleuze, *Diferencia y repetición,* p. 203.
21 Véase Aragüés, *Deseo de multitud. Diferencia, antagonismo y política materialista.*
22 Al respecto, véase Ezquerra, *Polis y caos.*

a Dios (el Ser, el Todo, el Uno), se mantienen los reyes y tribunos intérpretes de la Verdad. La potente fragua fracasa en la tarea de forjar el hombre nuevo. Sin embargo, desde una ontología y antropología de la diferencia, la Verdad queda arrasada para dejar paso a la verdad (con minúscula) de la práctica. Es en la práctica política donde los sujetos se reconocen en un empeño común que conjuga sus diferencias. Sujetos que se saben diferentes, pero a los que la vida, como suma de prácticas constituyentes, aproxima. Spinoza vuelve a salirnos al paso a través de su concepto de «nociones comunes», que son el fruto de la puesta en común de aquello que los cuerpos comparten y que genera conocimiento adecuado. La proposición XXXIX de la *Ética* dice: «De aquello que es común y propio del cuerpo humano y de ciertos cuerpos exteriores por los que el cuerpo humano suele ser afectado, y que se da igualmente en la parte y en el todo de cualquiera de ellos, habrá también en el alma una idea adecuada».[23] A lo que añade en su corolario: «De ahí se sigue que el alma es tanto más apta para percibir adecuadamente muchas cosas, cuantas más cosas en común tiene su cuerpo con otros cuerpos».[24] Resulta tremendamente interesante la manera en que Spinoza vincula el conocimiento con la comunidad, o al menos con la cercanía, en la medida en que entiende que la mirada común es tanto más posible cuanta mayor reiteración en los encuentros se produzca. Es decir, compartir un mundo, en la línea de la transindividualidad de Balibar, facilita la comunidad de conocimiento. Acompasar el «flujo de la vida», por decirlo *more deleuziano,* promueve la construcción de nociones comu-

23 Spinoza, *Ética,* p. 145.
24 *Ib.,* p. 146.

nes, verdades compartidas. La vida, recordamos a Marx y Engels, construye la conciencia.

Lo anterior nos coloca ante un enorme reto político: sustituir el deseo de Verdad, que ha vampirizado a la tradición materialista, por el deseo de multitud, es decir, por la inquebrantable decisión de construir, desde las diferencias que nos atraviesan, un sujeto común. Insistimos en que hablamos de multitud, pero bien pudiéramos hablar de pueblo o clase, aunque prefiramos el primero de los conceptos. Para abordar esta tarea hemos de recurrir a lo que podríamos definir como el *tetrafarmakon* político contemporáneo, remedio para conjurar los tradicionales desencuentros en el seno del movimiento antagonista, y que está constituido por los siguientes elementos: escucha, traducción, proyecto común y afectos.

Puede entenderse la historia de la política como el conflicto entre quienes pretenden imponer el silencio y quienes se afanan por alcanzar la palabra, la voz, el voto en nuestra historia más reciente. Desde el Tersites de la *Ilíada* homérica, silenciado por Odiseo, pasando por los niveladores y cavadores en el debate de Putney (1647), en el marco de la Revolución inglesa, silenciados por el liberalismo cromwelliano, hasta la consecución del sufragio universal en las sociedades burguesas o las breves experiencias participativas de los soviets, los sectores populares han pugnado siempre por conseguir una voz que se les negaba. Sin embargo, la obsesión por la palabra ha olvidado, curiosamente, la contraparte de la misma: la escucha. Escuchar al otro como tarea política primer orden. Es cierto que, desde posiciones sometidas a la inercia teórica del idealismo, en las que, como señalábamos más arriba, la Verdad sigue operando, quien cree poseer esa Verdad no precisa de escucha alguna. Más bien su única obsesión es la de transmitir esa Verdad. Pero ese es el espejismo del idealismo, atento a construir líderes iluminados de palabra sagrada y precisa. Ahora bien, si pretendemos insertarnos en la lógica materialista y, por lo tanto, en una ontología y epistemología de la diferencia, la escucha del otro se presenta como fundamental, pues supone descubrir otro mundo, otra vida, con la que componerse para una práctica compartida. En el juego de perspectivas diferentes debe construirse la mirada común a través de la escucha de ese pedacito de mundo que el otro presenta a nuestros oídos.

Tras la escucha, como segunda pata de ese *tetrafarmakon,* quizá, la traducción, por cuanto la palabra otra no es necesariamente evidente. Nos lo vuelve a recordar Spinoza en su *Ética:* «Y de aquí surgen —explica Spinoza— la mayor parte de las controversias, a saber, de que los hombres no expresan correctamente su pensamiento, o bien de que interpretan mal el pensamiento ajeno».[25] También el idealismo, con su peligrosa ingenuidad, nos hace creer que la utilización de un mismo concepto evoca las mismas realidades en los *diferentes* sujetos. Ahora bien, esos conceptos, vuelve a señalar Spinoza, «no son formados por todos de la misma manera, sino que varían en cada cual a tenor de la cosa por la que el cuerpo ha sido más a menudo afectado y que el alma imagina o recuerda más fácilmente».[26]

25   *Ib.,* p. 159.
26   Spinoza, *Ética,* p. 148. Mantenemos, aunque no compartimos, la traducción de *mens* por alma. Frente al criterio de Vidal Peña, traductor de la *Ética,* nos parece que resulta imprescindible marcar la ruptura que supone el abandono del concepto *anima* y su sustitución por *mens.* Que *mens* no sea traducible plenamente a través del concepto *mente,* no nos parece razón suficiente para traducirlo por *alma,* cuyas resonancias religiosas son evidentes.

Por ello, *diferentes* sujetos, *diferentes* tradiciones, *diferentes* culturas pueden utilizar conceptos semejantes, pero entenderlos de manera distinta, como bien ha analizado Sousa Santos.[27] De ahí la necesidad de no dar por supuesta la evidencia de lo expresado y la cautela de explicar nuestros conceptos para facilitar el encuentro con el otro.

Escuchar y traducir para promover un proyecto común. Si hemos hecho de la vida la seña de identidad del materialismo, la preservación de la misma es condición primera de toda política. Y a pesar de que pudiera parecer un objetivo poco ambicioso, aunque ya Enrique Dussel lo colocara, con acierto, como principio de toda ética,[28] las derivas contemporáneas hacen de la preocupación por la vida, por la supervivencia de la humanidad, una cuestión política de primer orden. Guerra, pandemias, cambio climático, crisis (estafa neoliberal) económica dibujan el presente de nuestras vidas. Nunca la humanidad se enfrentó a tantas circunstancias juntas que pudieran poner en peligro la supervivencia de la especie humana. Por ello entendemos que ese proyecto común bien pudiera presentarse como el *conatus de lo común* o *conatus de la multitud*. Nos parece lícito hacer, desde Spinoza, una lectura colectiva del *conatus,* por cuanto para él todo individuo es un compuesto de múltiples partes constituyentes, lo mismo que la multitud se compone de una multiplicidad de sujetos heterogéneos. Del *conatus de la multitud* deriva un *imperativo del común,* que dice así: actúa de tal modo que tus actos favorezcan y contribuyan a la supervivencia de la humanidad; lo que nos pertrecha, por decirlo con palabras de Silvia Rivera

27   Sousa Santos, *El milenio huérfano.*
28   Dussel, *Ética de la liberación.*

Cusicanqui, una «brújula ética»[29] para orientar nuestras prácticas hacia una política de lo común.

Y para culminar este *tetrafarmakon* es preciso recordar algo que hemos subrayado a lo largo de estas páginas y sin lo que resulta imposible articular una política realista: la dimensión deseante del sujeto. La complejidad de la vida humana se entreteje de razones, pasiones y deseos que fundamentan nuestras respuestas y nuestras prácticas. De ahí que la política, tal como señala Lordon, sea un *ars effectandi,* un proceso en el que los afectos (razones y pasiones) mueven al sujeto, un proceso en el que razonar y *corazonar,* tal como señala Silvia Rivera Cusicanqui, van de la mano: «Considero que hay que formar colectivos múltiples de pensamiento y acción, *corazonar* y pensar en común, para poder enfrentar lo que se nos viene».[30] La tradición antagonista, demasiado presa de los gestos de la modernidad ilustrada y su reverencia por la razón, ha tratado al ser humano como si sus prácticas estuvieran guiadas por un estricto ejercicio de racionalidad, olvidando aquello que señalaba Spinoza en las páginas del *Tratado político:* «Los filósofos [...] conciben a los hombres no como son, sino como ellos quisieren que fueran. De ahí que, las más de las veces, hayan escrito una sátira, en vez de una ética, y que no hayan ideado jamás una política que pueda llevarse a la práctica».[31] Pero habremos de tener en cuenta, de la mano de Deleuze y Guattari, que, «a menudo los revolucionarios olvidan, o no les gusta reconocer, que la revolución se quiere y se hace la revolución por deseo, no por obligación».[32]

29   Rivera Cusicanqui, *Un mundo ch'ixi es posible,* p. 70.
30   *Ib.,* p. 72.
31   Spinoza, *Tratado político,* pp. 77-78.
32   Deleuze y Guattari, *El Anti Edipo,* p. 416.

Para una nueva práctica política

No cabe ninguna duda de las enormes dificultades antes las que se encuentran las posiciones antagonistas en la actualidad, especialmente en Europa, donde la ilusión de la revolución de las plazas ha sucumbido ante el preocupante ascenso de la extrema derecha. En España podríamos decir que somos una derrota que gobierna, por cuanto las posiciones antagonistas que pudiera representar Unidas Podemos, a pesar de formar parte del gobierno actual, carecen del respaldo social del que gozó Podemos años atrás, cuando los ecos de las plazas todavía resonaban en nuestros oídos. Es evidente que la izquierda radical no ha sabido articular los anhelos que estallaron un 15 de mayo de 2011 y que poblaron las calles de esperanzadas reivindicaciones y de la voluntad de construir otros modos de hacer política. Si algo no se ha hecho desde entonces, es, precisamente, una política diferente, pues las diferentes organizaciones que surgieron del 15-M, en especial Podemos, han reproducido, en ocasiones hasta la caricatura, los modelos más tradicionales e inconvenientes de la política partidaria.

Por si esto fuera poco, estamos asistiendo, en el marco del movimiento feminista, que había sido llamado a ser, por su potencia y eficacia, punta de lanza del cambio social, un proceso de sectarización que, desgraciadamente, recuerda mucho a lo que sucedió en el siglo XX con el movimiento comunista. El feminismo, una parte de él, se ha insertado en esas políticas de la identidad que son la expresión de una diferencia idiota y que desembocan en dinámicas de exclusión absolutamente inconvenientes para una política de lo común.

La reflexión sobre el sujeto que hemos presentado más arriba nos parece que contiene elementos que permiten afrontar las insuficiencias de nuestra práctica política contemporánea. Porque, a través de las ideas de diferencia y práctica, apunta a acabar con ese esencialismo que el idealismo ha infiltrado en el discurso crítico y permite instalarnos en una lógica materialista, en una ontología de las relaciones. El análisis materialista nos hace conscientes, mediante la idea de diferencia, de la heterogeneidad de los sujetos, de su compleja constitución y, por tanto, nos anima a dar cobijo, en un amplio sujeto plural, a toda la diversidad que confronta con los modos de vida dominantes. Y, por otro lado, con su realismo de la práctica, nos hace ver que los sujetos se constituyen en las luchas; o, por decirlo de otro modo, que forma parte del sujeto político no quien atesora una determinada esencia, sino quien desempeña una práctica concreta.

Es posible extraer una valiosa lección política de todo lo dicho, que es la siguiente: el sujeto de una lucha no responde a esencias prefijadas, sino a prácticas concretas. Si, como tradicionalmente, respondemos a la pregunta de quién es el sujeto de una lucha de una manera esencialista, reproducimos una lógica de la identidad que excluye de esa lucha a potenciales participantes de la misma y que, además, no explica por qué algunos de quienes poseen dichas esencias no participan en las luchas. Es lo que ocurre cuando entendemos, de manera reduccionista, que el sujeto de la lucha anticapitalista es la clase obrera o la mujer de la lucha feminista. Y ello nos lleva a caer en el estupor cuando advertimos que hay obreros que votan a la derecha o mujeres con valores machistas. La lógica materialista, por el contrario, como Marx dejó claro, es la que atiende a las prácticas y, por lo tanto, considera parte del sujeto anticapitalista a quien se implique en la lucha contra el capital, sin pedirle credenciales de origen; del mismo modo que considera parte del movimiento feminista a quien levante su voz y coloque su cuerpo contra el patriarcado, independientemente de su condición sexual. Y por ello, ajustar la política a la lógica materialista es condición inexcusable para la constitución de ese sujeto plural, diverso, múltiple, que debe imaginar un nuevo mundo.

6.
Populismo:
un concepto tóxico

Introducción

A continuación, nos gustaría reflexionar sobre un concepto, el de populismo, que ha sido importado recientemente a nuestro vocabulario político. Deleuze y Guattari, en *¿Qué es la filosofía?*, definían como tarea fundamental de la filosofía la producción de conceptos. Se nos antoja que, en el ámbito de lo político, la lucha por la apropiación de los mismos constituye un empeño fundamental. Lejos de estar dotados de una asepsia y objetividad constituyentes, como pretenden con sorprendente ingenuidad ciertas filosofías del lenguaje, los conceptos se perfilan social e ideológicamente en el contexto de una lucha muchas veces soterrada. No es lo mismo que, por ejemplo, la palabra democracia aparezca en boca de un activista social que en la de un dirigente liberal, pero el sentido socialmente establecido de la misma se acerca más a la posición de este último, dado el carácter dominante de su discurso.

Sin embargo, en ocasiones, la lucha por las palabras se torna inútil, puesto que estas han sido colmadas de sentido por el discurso dominante y poseen, en el imaginario social, una significación casi unánime. Es lo que, a nuestro entender, sucede con el concepto populismo, que ha adquirido, precisamente por ello, una dimensión extremadamente tóxica, lo que nos lleva a pensar que la mejor estrategia para las posiciones políticas antagonistas es alejarse de cualquier tentación de reivindicación de dicho concepto. Es lo que a continuación intentaremos justificar.

Tres problemas del concepto «populismo»

Quizá sea oportuno precisar, aunque se desprenderá del desarrollo del texto, que lo que aquí se argumenta se hace desde la tradición política española y desde el más absoluto respeto a las opciones desarrolladas en el contexto suramericano. Desde ese ámbito, el español, entendemos que hay tres problemas, de gran relevancia, que plantea el concepto de populismo.

El primero de ellos ya ha sido enunciado de manera fugaz. Hace referencia a la apropiación que de dicho concepto se ha hecho desde el discurso dominante. En el imaginario político español, el concepto de populismo posee, gracias al intenso trabajo de los medios de comunicación, unas resonancias enormemente negativas, ya que es constantemente vinculado a formas políticas no democráticas. Lejos de encontrarnos ante un significante vacío, aquí nos las tenemos con un concepto lleno, repleto, desbordante de sentido y connotaciones, por demás, negativas. Por ello, cualquier reivindicación del mismo desde posiciones antagonistas resulta impertinente, dado que inmediatamente se produce la identificación con lo contrario de aquello que se pretende defender. Aunque resulte injusta, esa identificación está excesivamente consolidada en el imaginario popular como para pretender reorientarla.

Incluso para muchos de los que poseemos una extensa tradición militante y una amplia formación política, el concepto populismo se presenta de un modo negativo, como una estrategia de exacerbación de los más bajos instintos sociales, como la xenofobia, el racismo o el nacionalismo, y solo desde un intenso trabajo teórico podemos reconocer en el vocablo una orientación política antagonista. Ello explica que en nuestro país sea un concepto, en su dimensión antagonista, que tiene un nicho ecológico muy concreto: el ámbito universitario.

En segundo lugar, dicho concepto carece de arraigo en la tradición política europea, a diferencia de lo que sucede en Suramérica. Con la excepción del populismo ruso del XIX, de intensa pero corta historia, la idea de populismo carece de recorrido político en Europa. Incluso cuando se ha hecho referencia al pueblo como sujeto político, con la experiencia de los frentes populares de los años treinta del siglo XX, no se hizo desde la reivindicación del populismo, sino como expresión de una amplia alianza de organizaciones políticas defensoras de los intereses populares. A diferencia de otros conceptos que puedan resultar ciertamente problemáticos, como el de comunismo, no hay sectores sociales en España que se identifiquen con el populismo, por lo que la defensa del mismo se nos antoja una batalla enormemente estéril.

Por último, es un concepto, al menos en su utilización cotidiana, que adolece de una tremenda indeterminación, ya que es aplicado a actores políticos tanto de la extrema derecha como de la izquierda antagonista. Si el concepto populista puede ser aplicado, sin mayor problema, al mismo tiempo, a Marine Le Pen, Donald Trump, Pablo Iglesias o Hugo Chávez, si permite establecer un vínculo entre ellos, no parece que nos hallemos ante un concepto oportuno y adecuado para nuestros intereses políticos. Más bien, al contrario, se convierte en una herramienta del sistema para desacreditar entre sectores sociales democráticos las posiciones antagonistas, al vincularlas con el discurso de la extrema derecha.

Estas tres razones nos parecen de suficiente peso como para no pretender hacer del populismo una marca política en nuestro país, sin detrimento de su utilización como herramienta teórica en el marco de la teoría política.

El populismo y la cuestión del sujeto político

Una nueva precisión se impone: nuestra distancia del concepto populismo no implica una desconsideración de algunos de sus aspectos teóricos, en especial aquel que hace referencia a la cuestión del sujeto político colectivo. El populismo tiene el mérito de abordar el tema del sujeto alejándose de las posiciones esencialistas que habían acompañado, debido, en parte, a una lectura simplista y poco atenta de Marx, a la tradición revolucionaria. De este modo, abre una reflexión sobre el sujeto como el resultado de un proceso de construcción sobre la base de diferentes prácticas emancipatorias que nos parece tremendamente oportuna.

Ha sido un lugar común en la mayor parte de las lecturas de Marx, aunque se realicen desde diferentes líneas políticas dentro del marxismo, desarrollar una teoría del sujeto político de carácter esencialista en el que este es asimilado, *tout court,* con la clase obrera. El proletariado es presentado como el sujeto único de la revolución, un proletariado que posee unos rasgos definidos como consecuencia de su posición en el orden productivo. El proletariado atesora un perfil que permite su identificación, una esencia que le caracteriza. Esta lectura desconoce, sin embargo, uno de los elementos más interesantes del pensamiento de Marx, como es su atención a la práctica. La práctica posee, para Marx, dos virtudes fundamentales. Por un lado, es el único criterio de verdad, tal como enfatiza la segunda tesis sobre Feuerbach, donde escribe: «El problema de si a propósito del pensamiento humano puede o no hablarse de verdad objetiva no es un problema teórico, sino *práctico*. El hombre ha de acreditar la verdad, esto es, la potencia y realidad, la cismundaneidad de su pensamiento en la práctica misma. La disputa acerca de la realidad o irrealidad del pensamiento —un pensamiento aislado de la práctica— es una disputa netamente *escolástica*».[1] Lo que, aplicado a la cuestión del sujeto, nos indica que la única manera de reconocer al sujeto político es en la medida en que hace política; no hay sujeto político teórico (en-sí, como suele decirse), sino activo, práctico, capaz de expresar su «potencia», tal como indica Marx. Sujeto para-sí, consciente de ser tal. Pero esa consciencia, y esta es la segunda virtud a la que apunta Marx, solo se alcanza mediante la práctica. Es la práctica la que constituye al sujeto, no el sujeto el que produce la práctica. Esa es la gran novedad que aporta la reflexión de Marx y que no ha sido entendida por buena parte de los que de él se reclaman. Aunque sí lo ha sabido ver así el Comité Invisible, quien apunta que «no es "el pueblo" el que produce el levantamiento, es el levantamiento el que produce su pueblo, al suscitar la experiencia y la inteligencia comunes, el tejido humano y el lenguaje de

1   Marx en Bermudo, 1988: 431.

la vida real que habían desaparecido».[2] En todo caso, este planteamiento de la construcción de la conciencia en el proceso práctico, y no antes, encaja perfectamente con otra cuestión poco resaltada respecto del sujeto político colectivo en Marx. Aquella según la cual la clase social tampoco preexiste al proceso de lucha, sino que es, más bien, consecuencia del mismo. En *Miseria de la filosofía* podemos encontrar de forma nítida este planteamiento:

> Las condiciones económicas habían transformado primero la masa del país en trabajadores. La dominación del capital ha creado a esta masa una situación común, intereses comunes. Así, esta masa es ya una clase enfrente del capital, *pero no lo es aún para ella misma* [cursiva JMA]. En la lucha, algunas de cuyas fases hemos señalado, esta masa se reúne, se constituye en clase para sí misma. Los intereses que defiende se convierten en intereses de clase. Y la lucha de clase a clase es una lucha política.[3]

La conclusión, para Marx, es que es sujeto aquel que desarrolla una práctica política contra el capital. Nos atreveríamos a decir que, incluso, independientemente de su posición social, pues, ¿acaso Marx y la mayor parte de los dirigentes revolucionarios pertenecían, sociológicamente, al proletariado? La respuesta es evidente. Pero también resulta indiscutible que, sin ser obreros, formaban parte del movimiento obrero y de su clase. Si se acepta esta lectura, sería pertinente argumentar que, desde una perspectiva política, la pertenencia a la clase obrera viene definida no por la posición con respecto a los medios de producción, sino por la participación en la lucha contra el dominio del capital.

Hubo una parte de la tradición marxista que supo ver la insuficiencia del obrerismo que atravesaba los

2   Comité Invisible, *A nuestros amigos,* p. 45.
3   Marx, *Miseria de la filosofía,* p. 187.

discursos oficiales, aunque no fue capaz de superar el esencialismo que venimos denunciando. Es el caso, fundamentalmente, de Marcuse, y en menor grado de Sartre, en el entorno del Mayo del 68. Con ellos nace una reflexión, la de los nuevos sujetos de emancipación, que nos coloca en la senda de la pluralización del sujeto político. Marcuse y Sartre subrayaron la exacerbación en el capitalismo de contradicciones que, aunque presentes de tiempo atrás, no habían adquirido la suficiente visibilidad. De este modo, se pone de manifiesto, en paralelo con las luchas políticas de finales de los sesenta, la presencia de otros sujetos distintos a la clase obrera, como las mujeres, las minorías étnicas, los estudiantes, de tal modo que el movimiento revolucionario va incorporando a su lenguaje conceptos tales como feminismo, ecologismo, pacifismo. No se trata de prescindir de la clase obrera, sino de entender que, aunque la contradicción capital/trabajo siga siendo fundamental y atraviese el conjunto de contradicciones sociales, es preciso incorporar otras luchas y constituir, de ese modo, un sujeto de múltiples perfiles. Sin embargo, Marcuse, que fue quien más profundizó en esta dirección, no fue capaz, debido a las inercias teóricas de su planteamiento, de superar una concepción esencialista del sujeto individual, que se refleja en el sujeto colectivo, tal como analizamos en otro lugar.[4] En todo caso, el discurso de los nuevos sujetos abre la puerta a la conciencia de la necesaria pluralidad del sujeto antagonista.

Como decíamos anteriormente, el populismo posee el mérito de abordar la cuestión del sujeto político desde una perspectiva plural, no esencialista, construc-

---

4   Aragüés, *De la vanguardia al cyborg. Una mirada a la filosofía actual.*

tivista. El sujeto se configura en la acumulación de las luchas en curso mediante el acoplamiento de sujetos prácticos, activos, definidos por sus reivindicaciones, no por perfiles preestablecidos. Esa nos parece una aportación fundamental. Ahora bien, también es cierto, desde nuestro punto de vista, que se plantean ciertos problemas. Uno de ellos como consecuencia de la pretensión populista de superar el tradicional eje izquierda/derecha. Otro, a raíz de su concepción caudillista de la política.

Por lo que respecta a la cuestión del eje izquierda/derecha, se nos antoja como un tema muy mal resuelto por el populismo. Nos parece una apuesta interesante en la medida en que, de nuevo, se fija en las prácticas y reivindicaciones, y no en pretendidas esencias. Movimientos como el 15-M pusieron de manifiesto cómo gente que no se definía de izquierda, sino apolítica, o incluso de derecha, se incorporaba a movilizaciones con un marcado carácter crítico con el sistema. No se trataba, en ese contexto, de conseguir una declaración de principios izquierdistas de quien se movilizaba, sino de generar sinergias entre los diferentes actores del proceso y orientar las reivindicaciones en sentido antagonista. Dicho de otro modo, y recurriendo de nuevo a Marx, poco importa lo que dice de sí el sujeto, cómo se define; lo que realmente es relevante es lo que hace. Pues una vez introducidos en la dinámica de movilización, se pueden generar nuevas formas de conciencia, como también apunta Marx. El populismo, en cierto modo, propugna una movilización en la que no se pide a nadie el carnet, en la que no importa de dónde se viene, sino hacia dónde se quiere ir. Aunque, por desgracia, esto haya quedado desmentido en dos niveles: el teórico y el práctico. En el teórico, y ante la proliferación del etiquetado como populistas de movimientos políticos enfrentados entre sí, ciertos teóricos, como Chantal Mouffe, han hablado de un populismo de izquierdas y otro de derechas, con lo que la clasificación que se echó por la puerta ha vuelto a aparecer por la ventana. Si se trata de superar el eje izquierda/derecha, resulta totalmente improcedente reproducirlo a la hora de calificar al populismo. Desde una perspectiva práctica, y en el proceso de constitución de Podemos, hemos podido comprobar cómo el carnet, la mochila, como se dijo, sí que importa. Y de manera harto curiosa, mientras hacia la derecha se aplicaba una política de apertura infructuosa, hacia la izquierda se desarrollaba un profundo sectarismo que desconcertaba a aquellos que, como el que esto escribe, se sentían plenamente identificados con los objetivos políticos de Podemos y, sin embargo, se veían considerados como poco menos que apestados como consecuencia de su trayectoria política.

Por lo que respecta a la idea del dirigente como síntesis del conjunto de reivindicaciones, como expresión encarnada del movimiento, desemboca en un caudillismo que cortocircuita las pretensiones de democracia horizontal que late tras los nuevos movimientos políticos. Si algo nos muestra la historia del movimiento revolucionario es cómo precisamente esa encarnación, esa dependencia del líder, es uno de los síntomas más evidentes de la adulteración de los objetivos que desencadenan los procesos antagonistas. Precisamente, uno de los grandes retos de una política antagonista es promover un proceso político sin dependencia de liderazgos o en el que los liderazgos lo sean bajo la idea de «mandar obedeciendo», de tal modo que el protagonismo y la toma de decisiones correspondan al conjunto del sujeto político.

¿Pueblo o multitud? Un debate irrelevante

Como venimos diciendo, si en algo nos parece acertada la posición populista es en su abordaje de la cuestión del sujeto, un sujeto al que denomina pueblo. Pueblo que, en todo caso, no es un colectivo definido y reconocible en sus perfiles, sino fruto de un proceso de construcción.

En los últimos tiempos, hemos asistido a un debate sobre la denominación del sujeto político y, como suele suceder en el ámbito de la izquierda, la visceralidad del mismo ha sido tan intensa como su irrelevancia. Al parecer, decantarse por una denominación, pueblo o multitud, suponía una toma de partido imprescindible y de profundas implicaciones teóricas. Nada más lejos de la realidad. El verdadero y fundamental debate no es el que se centra en el concepto con el que se identifique al sujeto, sino el que se produce entre quienes entienden que el sujeto ya está construido (aunque, quizá, sea preciso dotarle de conciencia) y quienes defendemos que el sujeto es siempre fruto de una producción. Debate que atraviesa a los defensores de ambos conceptos.

En todo caso, llámesele pueblo, llámesele multitud, llámesele clase, el sujeto es el producto del acontecimiento desencadenado, de las experiencias e inteligencias que le acompañan, es el resultado de ciertas prácticas, como bien apunta el Comité Invisible y supo ver Marx en su momento. Prácticas que pasan, entre otras cosas, por la apertura a la proliferación de los vínculos generadores de potencia. El sujeto que se constituye en los procesos resulta, por tanto, de la superación de los obstáculos que se levantan en la vida cotidiana, de las inercias de aislamiento que caracterizan a nuestras sociedades neoliberales.

Clase, proletariado, es el nombre de una práctica. Multitud, pueblo, son el reflejo de un proceso. Con Marx nos alejamos de las esencias, el ser es sustituido por el devenir y la relación. No *hay* un sujeto reconocible por unos rasgos predefinidos que nos permitirían determinarle. Pues toda determinación, como recuerda el aforismo spinoziano tantas veces recogido por Marx, es negación, y en la cuestión del sujeto no hay determinación *a priori*. El sujeto deviene en el proceso de la lucha y se configura mediante la multiplicación de los vínculos. Burguesía es quien explota y quien teoriza esa explotación como natural o necesaria. Proletariado es el nombre de quien se rebela. Así como el sujeto individual es entendido en Marx como el efecto del conjunto de las relaciones sociales que lo constituyen, tal como argumenta en su *Tesis sexta sobre Feuerbach*, y es, por tanto, plural, el sujeto colectivo viene definido por una sola relación, la que lo convierte en antagonista práctico del poder constituido. Plural en su constitución, unitario en su expresión. Proletariado es el nombre de todo aquel, aquella, que se enfrenta al capital, que encarna en una práctica la vergüenza, el dolor, la explotación, la humillación del mundo. Y cuya práctica se enfoca al beneficio de la mayoría social.

El sujeto antagonista es un devenir, el efecto de la precaria consolidación de vínculos fluidos. No tiene rostro reconocible, no tiene nombre, aunque nos empeñemos en nombrarle. Es un nombre, como diría Deleuze, «para entendernos», una exigencia comunicativa. Pero hay que evitar el peligro de, al nombrarlo, designarle una esencia. Ni el proletariado, ni las mujeres, ni los empobrecidos, ni las marginadas, ni los estudiantes *son* el sujeto.

El marxismo, contra la evidencia misma de su propia práctica, en la que dirigentes de extracción burguesa desempeñan un papel fundamental, desarrolló una teoría esencialista del sujeto político, al que nombró como proletariado. En la actualidad, es preciso prevenir cualquier gesto esencialista, ser conscientes de que el sujeto es plural, los sujetos son plurales. Clase es todo aquel, aquella, que se une en la lucha contra el capital, independientemente de que sea estudiante, autónoma o trabajadora de fábrica; mujer es toda aquella, aquel, que se enfrenta al patriarcado, independientemente de su sexo; minoría étnica, todos aquellos que luchan contra el racismo. Multitud, o pueblo, es el nombre que podemos otorgar a la coordinación de esas diversas luchas.

Conclusión

Desde nuestra óptica, el populismo es una interesante herramienta teórica, entre otras, pero una nefasta etiqueta política. Y dadas las urgencias políticas de nuestro tiempo, entendemos que es la dimensión política la que debe imponerse sobre la teórica. Si de lo que se trata es de desvincularse, en cierta manera, de una tradición que ha mostrado sus limitaciones, resulta sorprendente que pretenda hacerse acogiéndose a un concepto que genera enormes dificultades y que carece de virtudes prácticas.

Vivimos tiempos vertiginosos, en lo que la novedad se convierte por sí en valor. Ello debería espolearnos para asumir con decisión una tarea que encaja perfectamente en la lógica materialista y que no ha sido suficientemente abordada desde posiciones antagonistas: la invención. Inventar e imaginar son verbos del presente que engarzan con la lógica materialista. Nuestros mejores éxitos se han producido cuando nos hemos decidido a inventar, desde los soviets hasta los comunes. Nuestros fracasos, cuando nos empeñamos en abrazarnos a las inercias de un pasado que nos conduce, las más de las veces, a repetir el discurso del enemigo.

7.
No hay futuro:
¿cómo construir el porvenir?
Reflexiones para un tiempo
de crisis

No hay futuro

Una de las notas características del pensar en tiempos de posmodernidad es la desactivación de los mecanismos instantáneos de proyección cronológica que habían venido acompañando al discurso dominante de la Modernidad. Teleología y progreso son dos elementos que acompañan a buena parte del pensamiento de la Modernidad, amparados en la aceleración social que el capitalismo imprime a las sociedades europeas. El futuro aparece como el desarrollo necesario de un presente que se proyecta hacia lo que debe y va a ser. Quizá merezca la pena recordar la etimología misma del concepto futuro, pues el *futurus* latino no es sino una forma de obligación, un infinitivo/participio de futuro del verbo ser *(esse)*, que señala aquello que inevitablemente ha de ser. La propia palabra nos habla, por tanto, de la ineluctable necesidad de aquello que va a venir.

El paradigma posmoderno, tal como lo denomina Sousa Santos,[1] cuestiona la idea de progreso ilustrada y

---

1   Sousa Santos, *El milenio huérfano.*

de ese modo problematiza la idea de futuro. Pero, como siempre, es preciso distinguir diferentes abordajes del problema en función de las posiciones ideológicas que se adopten dentro del paradigma posmoderno. Así, la posmodernidad sistémica, o «celebratoria», por decirlo de nuevo como Sousa Santos, se ha aprestado a declarar el final de los tiempos como consecuencia de su regocijo en las formas neoliberales del presente, mientras que los discursos críticos, antagonistas, pugnan por reflexionar sobre unos tiempos otros a los que podemos denominar *porvenir* y que serán fruto no ya de una lógica férrea escrita en el presente, sino de la potencia de nuestra imaginación política.

Si señalábamos que en los albores del capital se había alentado esa concepción teleológica y progresista del tiempo acelerado, sus formas neoliberales son las responsables de su oclusión. En un primer momento, con la caída del Muro de Berlín y el colapso del sistema soviético, se decreta el fin de la Historia, al tiempo que el imaginario afuera que sustentaba la esperanza de una alternativa al capitalismo quedó sepultado entre los cascotes de un modelo que hacía mucho dejó de ser aquello que pretendió ser. Si es que alguna vez llegó a serlo. De modo sorprendente, el presente no solo se quedó sin futuro, sino que comenzó a replegarse, al poco tiempo, hacia la rememoración del pasado en forma de una glorificación nacionalista, especialmente en los países del este europeo, que vino acompañada del inusitado resurgimiento de una simbología imperial (águilas bicéfalas incluidas) que parecía enterrada en la noche de los tiempos.

Nuestra actualidad, por otro lado, nos ha instalado en un presente intempestivo en el que el futuro solo se muestra bajo la forma de desastre, hasta el punto de que, como escribió Jameson, «parece que hoy día nos resulta más fácil imaginar el total deterioro de la tierra y de la naturaleza que el derrumbe del capitalismo».[2] En los últimos tiempos vivimos una serie de acontecimientos inesperados que no aparecían en nuestro horizonte de *futuro*, y ante los que las respuestas, por falta, precisamente, de proyecto alternativo al presente, resultan titubeantes. Así sucedió, en primer lugar, con la crisis-estafa económica de 2008, en la que el capital neoliberal comenzó a mostrar su pulsión suicida, su manifiesto desprecio por lo que haya de venir más tarde. El goce neoliberal del presente pone en riesgo de colapso al conjunto de la humanidad, pero traslada la impresión de que nos encontramos, más que ante los efectos de una acción humana fruto de la pleonexia, del «deseo insaciable de más»[3] del capital, ante los resultados de una catástrofe natural contra la que nada se puede hacer. A ello podemos añadir dos recientes acontecimientos que han venido a reforzar esa idea del carácter intempestivo del presente. La pandemia del covid, por un lado, en la que la humanidad, por primera vez en su conjunto, sintió su vulnerabilidad ante una real amenaza global contra la que, en un principio, carecíamos de cualquier tipo de respuesta eficaz. Finalmente, la guerra de Ucrania, que nos sitúa, de nuevo, ante un panorama incierto e inesperado que, como la pandemia, nos habla de un horizonte de catástrofe como único futuro previsible.

En resumidas cuentas, el neoliberalismo se ha convertido en el agujero negro de toda esperanza. Instalado en la lógica del consumo y en la aceleración tecnológica, la posmodernidad neoliberal alimenta la paradoja de la

2   Jameson, *Las semillas del tiempo*, p. 11.
3   Lordon, *Los afectos de la política*, p. 174.

más extrema novedad que hace que, en realidad, nada cambie. Nuevamente, Jameson nos ayuda a entender esta dinámica: «Lo que empezamos a sentir ahora —y lo que empieza a emerger como una constitución más profunda y fundamental de la posmodernidad misma, al menos en su dimensión temporal— es que, de ahora en adelante, cuando todo se somete al perpetuo cambio de la moda y a la imagen en los media, nada puede cambiar ya nunca más».[4] No hay futuro. Lo único que resta, es construir el porvenir.

Covid y neoliberalismo

Estos tiempos de excepcionalidad han visto florecer las metáforas que pretendían aproximarnos a la comprensión de un suceso que ha venido a alterar nuestras vidas y nuestros horizontes de un modo inesperado. Enfrentados a lo imprevisto e inusitado, nos hemos visto abocados, con mayor o menor éxito, a leer a marchas forzadas un presente intempestivo, actualización de muchas de esas distopías virtuales que pueblan nuestra literatura o nuestro cine. A continuación, nos gustaría trazar ciertos paralelismos entre la pandemia de covid-19 y el capitalismo neoliberal. Las semejanzas y diferencias de las estrategias del Capital con los modos de comportamiento de un virus de alta capacidad de contagio y efectos letales como es el covid-19 no deja de ser una imagen que nos permite pensar que, acaso, las maneras de hacerles frente, a ambas pandemias, pudieran tener puntos en común.

Entre las evidentes semejanzas, el carácter desterritorializado de ambos virus, su carácter global, el desco-

---

4 Jameson, *Las semillas del tiempo*.

nocimiento del sentido de la palabra frontera. Capital y virus aprovechan con enorme eficacia los espacios lisos[5] de la comunicación, los caminos que establecen nexos entre lugares lejanos del planeta, para deslizarse por su superficie e infectar todo cuanto sale a su paso. Por ello, las respuestas locales, nacionales son de una eficacia muy limitada, pues, además de ser incapaces de sellar por completo un territorio, siempre se hallan a la espera de lo que suceda a su alrededor. En el caso del covid-19, hemos echado en falta, frente a un virus global, la existencia de mecanismos globales que permitieran la toma de decisiones a la misma escala que actúa el virus. En el caso del capitalismo, Marx y Engels lo sintetizaron en una frase que devino lema: «Trabajadores de todos los países, uníos», en un llamamiento a la internacionalización de las luchas como única estrategia para enfrentar a un capitalismo que no tiene otra patria que su beneficio. Una pequeña conclusión se extrae de esto: la necesidad, tanto en un caso como en el otro, de articular mecanismos globales de respuesta. La virtud del covid-19 es que ha puesto de manifiesto un hecho que las luchas políticas de la izquierda, de modo paradójico, venían reclamando desde tiempos lejanos, pero para lo que nunca se estableció un programa político eficaz. Las Internacionales no dejaron de ser, al menos avanzado el siglo XX, meros artefactos formales de muy escaso contenido político. Si la actual pandemia está obligando a pensar a los mayores detractores de la existencia de mecanismos políticos de carácter global en la necesidad de su existencia, si parece estar propiciando el que esa idea de «gobierno» mundial, presente en el discurso

5   Giles Deleuze y Félix Guattari, *Mil mesetas,* Pre-Textos, Valencia, 1988.

filosófico desde la antigüedad y reactivada por la Ilustración, adquiera esa dimensión «afectante», por decirlo al modo de Lordon,[6] de la que hasta ahora había carecido, si algo que forma parte del ADN de la izquierda parece tener posibilidad de convertirse en agenda política y preocupación social, es el momento de volcar los esfuerzos en pensar formas de organización y prácticas globales que subrayen la importancia de lo común, tal como vienen reclamando, entre otros, Laval y Dardot.[7] Podríamos añadir que la guerra de Ucrania viene a reforzar esta idea, en la medida en la que la reproducción del escenario de la Guerra Fría, con el enfrentamiento entre Rusia y la OTAN, carente por completo de una mirada global e inmersas en la idiocia de sus intereses cortoplacistas, lejos de permitirnos avizorar la resolución de la guerra, no hace sino alimentarla.

La desterritorialización de la que estamos hablando ha alcanzado también al ámbito institucional. El virus ha reforzado una tarea que el neoliberalismo se viene imponiendo desde su misma aparición y que forma parte de su código genético: la erosión de los servicios públicos del Estado. Con el desarrollo de la pandemia estamos asistiendo a una desterritorialización de la educación, en la que los modelos digitales no presenciales han encontrado la oportunidad que estaban esperando para convertirse en un nuevo nicho de negocio. La pandemia ha puesto en marcha ciertas dinámicas ajenas a la presencialidad que difícilmente van a ser revertidas en todos sus extremos y que, entre otros efectos, van a erosionar los vínculos sociales entre individuos. Por otro

6   Lordon, *Los afectos de la política.*
7   Laval y Dardot, *Común: ensayo sobre la revolución en el siglo XXI.*

lado, allí donde el neoliberalismo encuentra sus formas más desarrolladas, como la Comunidad de Madrid, esa desterritorialización se traslada también al ámbito de la sanidad, promoviendo lo que, desde un enorme cinismo, se ha denominado la «cultura del autocuidado» que, en la práctica, se convierte en un sálvese quien pueda, pues se insta a la población a no acudir a los centros sanitarios y a proceder al autodiagnóstico y al aislamiento. El neoliberalismo ha encontrado en la pandemia la herramienta perfecta para aligerar la parte social del Estado, al tiempo que refuerza sus estructuras represivas, adjudicando nuevas competencias a las fuerzas de seguridad y al ejército.

Un segundo elemento de coincidencia entre ambos virus es su gran capacidad de contagio y los efectos letales que provocan para la vida. Es enormemente significativo que una palabra como «viral» venga asociada, cada vez más, a dinámicas que se desarrollan dentro del que es el instrumento fundamental de difusión del Capital en las sociedades contemporáneas: la tecnología de la información. En efecto, las dinámicas virales en la comunicación han acentuado aquello que define la enorme eficacia del capitalismo contemporáneo: su capacidad de construcción de subjetividad,[8] de infectar con el virus del neoliberalismo a toda forma de vida humana. Con la diferencia de que, lejos de buscar formas de protección y medidas de profilaxis, las subjetividades contemporáneas se exponen alegremente, en uno de los más terribles efectos del virus, a las dinámicas de contagio. Como bien ha analizado F. Lordon,[9] la eficacia del capitalismo mediático es que

---

8 Ibáñez, *Más allá de la sociología.*
9 Lordon, *Los afectos de la política,* pp. 69-70.

ha implementado su dominio a través de pasiones alegres, mediante el consumo (fordismo) o la construcción de sí (posfordismo), lo que lleva a que la exposición de los sujetos al virus del neoliberalismo acabe por moldearlos milimétricamente en función de las necesidades del sistema.

Semejanza en la eficacia del contagio, pero diferencia en las actitudes frente al mismo. Merece la pena subrayar esta cuestión que, desde los orígenes del virus del Capital, marca un rasgo específico. Sabemos que una de las claves en la lucha contra el covid-19 radica en la consecución de una inmunidad grupal que convirtiera a las sociedades, como colectivo, en geografías menos expuestas al virus. Por el contrario, el capitalismo nace intentando quebrar una importante inmunidad grupal que acompañaba a las sociedades de la Modernidad temprana. En efecto, dichas sociedades se asentaban, tanto en sus prácticas económicas como culturales, en potentes formas del común que se mostraban enormemente resistentes y reticentes al propietarismo individualista que el capitalismo se empeña en imponer. Con una extremada violencia, por otro lado. El virus del Capital provoca en la Europa moderna una extrema mortalidad, bajo la forma bien de hambrunas, bien de persecuciones, que acompaña su expansión territorial. Desde Marx hasta Federici, se ha puesto de manifiesto cómo la acumulación originaria se produce violentando economías y saberes del común que entorpecían la labor disciplinante y rapaz del capital. La «economía moral de la multitud», de la que habló Thompson,[10] constituía un dique de contención frente al avance del capitalismo. Las leyes de pobres inglesas

---

10   Thompson, *Costumbres en común*.

de los siglos XVI en adelante provocaron decenas de miles de ejecuciones, solo setenta mil en tiempos de Enrique VIII, que sumieron en un estado de terror a las poblaciones expropiadas de sus medios de subsistencia. Ello llevó a Baruch Spinoza, atento observador de su tiempo, a establecer, en el marco de su *Tratado político*, un vínculo entre sociedades justas y pacíficas y aquellas en las que «los derechos comunes se mantienen ilesos».[11] En las dos zonas convertidas en punta de lanza de desarrollo del capitalismo, Inglaterra y los Países Bajos, la destrucción de los lazos comunes se convierte en tarea imprescindible. Como bien sabemos, la privatización de tierras comunales provocó un intenso éxodo rural. Dicho éxodo a la ciudad y el disciplinamiento salarial de las antiguas masas campesinas proletarizadas permiten entender el despegue industrial de la Inglaterra de finales del XVIII.

Parece bastante evidente que la eficacia del capitalismo radica en su capacidad de destruir esas inmunidades de grupo, para lo que su virus no duda en mutar, haciéndose fordista o posfordista, según la ocasión, y así penetrar con mayor efectividad en colectivos con una especial capacidad de inmunidad. Como decía Lyotard, «eso quiere decir que el adversario no se halla fuera, sino también dentro. Hay que entender este "dentro" con la mayor penetración posible: el adversario está dentro de mi propio pensamiento».[12] El virus de la temida subsunción real, la más potente de las mutaciones del virus del Capital, se encuentra siempre al acecho.

11   Spinoza, *Tratado político*, p. 119.
12   Jean François Lyotard, *¿Por qué filosofar?*, Paidós, Barcelona, 1989, p. 160.

Construir el porvenir: inmunidad de grupo y transnacionalización de las luchas

Vivimos tiempos de perplejidad. Tiempos en los que, en ocasiones, nos resulta problemático reconocernos a nosotros mismos. Habituales críticos del Estado y el Poder, nos encontramos, sin embargo, defendiendo a los Gobiernos frente a las actitudes en ocasiones delirantes de un negacionismo que encuentra en los sectores de la extrema derecha su nicho más potente. A pesar de no pecar de ingenuos, de ser conscientes de los grandes intereses económicos que se encuentran tras las actuales políticas de salud y de los peligros que implican las dinámicas de control implementadas por los Estados, la excepcionalidad del momento, la incertidumbre ante una situación nunca antes vivida, nos parece aconsejar una cierta benevolencia hacia las medidas adoptadas desde la mayoría de los Gobiernos nacionales. En nuestro caso, frente a la demagogia imprudente y cínica de una derecha neoliberal asilvestrada, especialmente en el caso de España. Qué decir, por otro lado, de la guerra en Ucrania en la que muchos de quienes nos hemos cobijado bajo el eslogan *No a la guerra* reconocemos el derecho de Ucrania a defenderse de la agresión rusa, por mucho que sepamos que nos encontramos, de nuevo, ante una compleja pugna de intereses geoestratégicos en la que la (ir)responsabilidad de la OTAN resulta evidente.

Vivimos, también, tiempos de colapso, en muy diferentes órdenes. Cada vez resultan más evidentes los límites ecológicos del planeta. Los combustibles fósiles, responsables en buena parte del cambio climático que estamos sufriendo, comienzan a escasear y no se adivinan formas energéticas alternativas capaces de mantener el modo de vida de buena parte de la humanidad, con lo que la crisis ecológica se amalgama con una previsible crisis energética que generará, inevitablemente, profundas tensiones sociales. Como señala Mark Fisher, «la relación entre el capitalismo y el ecodesastre no es de coincidencia ni de accidente: la necesidad de un "mercado en expansión constante" y su "fetiche con el crecimiento" implican que el capitalismo está enfrentado con cualquier noción de sustentabilidad ambiental».[13] La pandemia también ha puesto de manifiesto nuevos riesgos que pueden sustanciarse en la activación de antiguos virus liberados como consecuencia del derretimiento del hielo de los polos. Quedan pocas dudas de que la habitabilidad del planeta está muy comprometida por nuestras predadoras prácticas económicas y que ello exige repensar nuestro modo de vida. Imaginar el porvenir.

Nos hemos empeñado en pensar, crisis tras crisis, que los seres humanos saldríamos mejores de las mismas, que aprenderíamos la lección. Así sucedió en la crisis-estafa de 2008, en la que se habló de refundar el capitalismo para hacerlo más humano. Por el contrario, nos hemos encontrado con un neoliberalismo más agresivo, volcado en los intereses inmediatos de la élite dirigente, completamente desentendido de las necesidades globales. También auguramos que la pandemia, con sus gestos solidarios iniciales, nos haría mejores como sociedades. Pero, a pesar de la evidencia con la que esta crisis ha colocado sobre el tapete la necesidad de ciertos servicios públicos, su resultado social más relevante es el crecimiento de opciones sociales radical-

13   Mark Fisher, *Realismo capitalista*, Caja Negra, Buenos Aires, 2018, p. 44.

mente individualistas que alimentan y se alimentan del discurso de la extrema derecha. La nuestra se ha vuelto una sociedad profundamente idiota, en el sentido que a esta palabra venimos dando a lo largo del texto.

Curiosamente, la pandemia del covid-19 apunta en su posible solución vías y estrategias que pudieran ser también de utilidad en el diseño de un horizonte que fuera más allá de las prácticas de retorno, quizá ya imposible, a un pasado que ha cobijado en su seno el suelo fértil sobre el que ahora brota el virus. Inmunidad de grupo, vacuna y mecanismos globales de alerta y coordinación ante otras posibles pandemias parecen ser tres mecanismos inexcusables para hacer frente a esta y otras futuras pandemias. Mecanismos que también resultan imprescindibles para enfrentar la pandemia capitalista en su forma neoliberal.

Ya hemos señalado en alguna ocasión la pulsión suicida que caracteriza al neoliberalismo, cómo esta cepa específica del virus capitalista desprecia cualquier previsión de futuro y se caracteriza por un goce inmediato del presente. De quienes pueden gozarlo, claro. Su dimensión tremendamente letal exige la implementación inmediata de medidas profilácticas que eviten nuestra desaparición como especie, lo que denomino el *conatus* del común o de la multitud. Los graves problemas que aquejan a la humanidad no pueden abordarse desde una perspectiva local, exigen, como hemos señalado más arriba, políticas coordinadas de ámbito global, por lo que los sectores críticos con el actual estado de cosas deben imaginar formas de cooperación política que desborden los marcos nacionales y que se empeñen en el diseño de una política del común. La actual coyuntura, que hace visible esa necesidad en el ámbito sanitario, debiera servir de palanca para extender dichas prácticas al ámbito de lo político en general. Algo que, desde una perspectiva ideológica, siempre hemos sabido, puede pasar a formar parte, quizá, de un nuevo sentido común crítico, cuya máxima regulativa debiera ser el mencionado *conatus* del común. Desde la conciencia de los riesgos que nos acechan como humanidad y como planeta, desde la visibilización de que, en la actualidad, la verdadera contradicción del Capital no es ya solo con el trabajo, sino con la vida en su conjunto, el objetivo mínimo de una política alternativa debe pasar por la promoción de aquellos gestos que permitan la supervivencia de la especie, que es lo que Spinoza entiende por *conatus,* el impulso a mantenerse en el ser.[14] El *conatus* del común ha de sustanciarse en un imperativo que, como ya hemos señalado más arriba, se enuncia del siguiente modo, con innegables reminiscencias kantianas, pero traducidas a lo común *(koinon):* «Actuemos de tal modo que nuestros actos posibiliten la supervivencia de la vida en el planeta y de la humanidad con ella».

El diseño de esa política de lo común pasa, a mi modo de ver, por abordar una cuestión que Marx señalaba en los *Grundrisse,* la del *Intelecto General.*[15] Recordemos que con dicho concepto Marx hace referencia a los saberes sociales que son vampirizados por el Capital en beneficio privado y cuyo uso debiera revertir, propone él, en beneficio colectivo. Ya hemos señalado cómo el Capital se ha construido sobre la apropiación violenta de lo común, ya fuera este material o inmaterial. El neoliberalismo ha profundizado esa dinámica, hasta el punto de que Laval y Dardot nos hablan, meta-

---

14   Spinoza, *Ética.*
15   Marx, *Líneas fundamentales de la crítica de la economía política. Grundrisse,* p. 92.

fóricamente, de una segunda ola de cercamientos.[16] La lucha contra el virus médico, la denodada búsqueda de una vacuna, pone de relieve la importancia de que ese saber médico sea un saber compartido, que la vacuna alcance al conjunto de la población, pues de no ser así, los efectos letales del virus afectarán a amplios sectores de la población mundial, evidentemente la menos favorecida. La situación subraya la necesidad de que el saber científico, en especial aquel del campo de la salud, adquiera un estatuto común y no sea monopolizado por una industria, la farmacéutica, carente de toda vocación social.

A mi modo de ver, el de *Intelecto General* es un concepto que adquiere una importancia singular en el diseño de una política del común y en la imaginación de un futuro alejado de las inercias de las prácticas del Capital. Pues en los saberes socializados puede encontrarse la clave, la vacuna, para ir recuperando esa inmunidad de grupo que el capitalismo se ha empeñado en destruir. Cuanto más efectivas se muestren las prácticas del común, no solo en la lucha contra el virus, sino contra los efectos económicos que de la situación de confinamiento se derivan y derivarán, más se podrá visibilizar el carácter imperativo de las mismas en la defensa de los intereses de la mayoría social. Lo que empieza a parecer evidente en el ámbito de la salud, que, sin un potente sistema público sanitario, la población se hallaría tremendamente expuesta en coyunturas como la actual, podría también visibilizarse en otros ámbitos, como el de la energía, los transportes, la alimentación. Y esas visibilidades generan, sin duda, procesos de sub-

16   Laval y Dardot, *Común: ensayo sobre la revolución en el siglo XXI*, p. 21.

jetivación sobre los que construir un nuevo sentido común crítico, como reivindica Sousa Santos. La reconstrucción de la inmunidad de grupo frente a las tendencias individualizadoras, idiotas, del capitalismo, la producción de una economía moral de la multitud sobre la base de un espíritu de lo común, koinota,[17] la construcción de subjetividad antagonista, en última instancia, son estrategias necesarias para las que, de manera paradójica, la crisis del covid-19 ha allanado, en parte, el camino. Imaginar un porvenir en el que lo común se convierta en el horizonte de nuestras políticas es una necesidad visibilizada por la crisis sanitaria y económica de nuestro presente ante la que se alza la siniestra alternativa de un fascismo en auge. De ahí que haya que imaginar, pero imaginar rápido.

17   Aragüés, *De idiotas a koinotas. Para una política de la multitud.*

8.
De éxodo y sínodo

Huir. Quizá este verbo condense la actitud política que se impone en nuestro presente. Huir de este presente, de los modos de subjetivación que le acompañan, de las narrativas y relatos que lo sustentan. De un modo de vida, en suma. ¿Y qué hay más político que la vida? Huir de una vida para construir otra. Sabemos de dónde queremos salir, conocemos el umbral de nuestro éxodo, pero más allá del mismo no nos espera sino la incertidumbre.

Hubo un tiempo en el que el futuro parecía anunciarse en cada uno de los gestos del presente. Nuestras filosofías de la historia —y cuando digo *nuestras* me refiero a la de quienes impugná(ba)mos las miserias y opresiones del capitalismo—, todavía teñidas del idealismo que había sido su moderno caldo de cultivo, colocaban ante nosotros un horizonte de esperanza y plenitud. Algunos querían leer en Marx la necesidad del comunismo. Teníamos la certeza de la playa bajo los adoquines. Pero, de repente, el futuro desapareció ante nuestros ojos y el presente lo saturó todo. Los proyectos de emancipación se disolvieron como un azucarillo y un persistente imperativo se apoderó de los cuerpos:

«gozad», atronó un capital para el que el goce no es sino consumo. Y las subjetividades, ya milimétricamente construidas con las eficaces herramientas de las sociedades mediáticas hipertecnologizadas, obedecieron sin saber que lo hacían, bajo la más eficaz de las dominaciones, la de las pasiones alegres, tal como nos señala Frédéric Lordon[1] en la fértil estela de Spinoza.

La palabra *futuro (futurus)* deriva de una de las formas no personales de obligación del verbo *sum,* su participio de futuro. El *futurus* es aquello que va a ser. Mas si algo resulta impredecible en nuestro presente es lo que va a ser. Nunca las posibilidades de catástrofe habían sido tan verosímiles. Y tan diversas. Y la tecnología, lejos de cumplir esa promesa de salvación que algunos, agarrados todavía al cadáver del mito del progreso, se empeñan en acariciar, se ha convertido, de un tiempo a esta parte, tal como subraya Ariane Aviñó a lo largo de su obra *Rehabitar. Fundamentos para la vida no capital*-ista,[2] en una más de las potentes amenazas que nos acechan. Por otro lado, lo intempestivo que se cuela en nuestro presente, bajo la forma de pandemias, de guerras, de fenómenos climáticos extremos, de crisis (que, lo sabemos, son estafas) económicas, no hace sino alimentar ese agujero negro que se ha tragado toda esperanza.

¿Cómo huir cuando no hay horizonte? ¿Hacia dónde dirigir nuestro necesario éxodo? Como en las novelas de ciencia ficción, hay quienes entienden ese éxodo en su exclusivo sentido geográfico y pergeñan —nuevamente el sueño tecnológico— una nueva colonización

---

1   Lordon, *Los afectos de la política.*
2   Ariane Aviñó, *Rehabitar. Fundamentos para una vida no capital*-ista, Prensas de la Universidad de Zaragoza, Zaragoza, 2023.

más allá de las fronteras de nuestro planeta. Dejando de lado lo ilusorio de una tal propuesta, lo que realmente resulta inconveniente es la incomprensión de que ese éxodo no lo es de un lugar, sino de un modo de vida. La pregunta no es adónde, sino cómo. Nuestro verdadero éxodo es el que nos lleva a construir, si llegamos a tiempo, en nuestra misma geografía, ese planeta al que nos empeñamos en maltratar, otro modo de vida. Imaginar otras formas de habitar.

Imaginación y vida se nos antojan como dos de las categorías centrales de toda reflexión materialista. La imaginación por cuanto la lógica materialista no puede descifrar lo que todavía no es. Como nos recuerda Castoriadis, la empresa humana es un enorme esfuerzo de imaginación en aras de la construcción de una determinada, e históricamente cambiante, institucionalidad política, en modo alguno prefijada.[3] Esa fue la gran tarea de los griegos, imaginar la democracia, su compleja institucionalidad. Mientras los juegos de la fría lógica de la razón idealista pretendieron, a lo largo de la Modernidad, desentrañar los perfiles del *futuro,* a la lógica materialista de la imaginación y la práctica corresponde el empeño de construcción del *porvenir,* de un nuevo modo de vida. Pero una vida que ya no puede ser entendida exclusivamente desde la estrecha individualidad, sino que debe abrirse a lo común. Uno de los relatos que es preciso aniquilar, desterrar de nuestros imaginarios, es aquel que hace del ser humano un individuo autosuficiente, «un imperio dentro de otro imperio», tal como señalaba Spinoza en las páginas de su *Ética.*[4] «Robinsonadas» calificó Marx a ese ejercicio manipula-

---

3   Castoriadis, *La ciudad y las leyes.*
4   Spinoza, *Ética,* p. 170.

dor que pretende (hacernos) ignorar que todo gesto humano tiene un componente colectivo, que la nuestra es una ontología de la relación. Lo individual es, siempre, *transindividual,* por decirlo al modo de Balibar.[5] Como señala Fischbach, lo hemos explicitado más arriba, la esencia de los hombres no está en otro lugar que *entre* ellos. Por ello, el éxodo no puede sino devenir sínodo, el camino de huida *(ex-odos)* ha de desembocar en un camino compartido *(sin-odos).*

El capitalismo ha sido un largo camino hacia el solipsismo. Se inaugura con la sistemática destrucción de las economías del común, tanto de la economía material como de la economía moral de la multitud,[6] y se/nos clausura con el más exacerbado de los individualismos. Es el devenir idiota del capital. La tecnología, que vampiriza nuestras vidas y las coloca al servicio de un algoritmo mercantil, ha culminado el proyecto individualizador del capitalismo, desactivando, a través de nuestra más absoluta soledad, cualquier pulsión política, pero consiguiendo, al mismo tiempo, insertarnos en una tupida red de intercambios económicos. Solos, pero productivos. El capital se ha encargado de tornar productivo cualquiera de nuestros gestos y de subordinar nuestros cuerpos a los imperativos de un ocio que es neg-ocio.[7]

Si el capitalismo nació atentando contra lo común, rompiendo vínculos y debilitando solidaridades, la apuesta por el porvenir debe tomar buena nota de ello. Reescribir el pasado como certificación de un expolio se vuelve un ejercicio político de apertura a un porve-

---

5   Balibar, *Spinoza politique. Le transindividuel.*
6   Thompson, *Costumbres en común.*
7   «El ocio deviene trabajo sin que tengamos conciencia de ello», apunta Javier Echeverría, *Telépolis,* Destino, Barcelona, 1994, p. 79.

nir otro. Nuestra imaginación puede alimentarse de la experiencia instituyente de lo común y proyectarse, de ese modo, hacia nuevas formas de intersubjetividad. Esta es, sin duda, la tarea política fundamental de nuestro presente, construir subjetividades con conciencia y vocación de intersubjetividad, capaces de imaginar una nueva sociedad de lo común. El capital, con su pulsión idiota, que alcanza en la actualidad una dimensión que podemos calificar como suicida, ha obturado nuestras vidas, ha aplanado sus perfiles, ha agostado nuestras ilusiones. La subjetividad *koinota,* aquella que hace de lo común *(koinon)* su modo de ser y su proyecto, pertrechada de la potencia de la imaginación, ha de hilvanar los malestares, mostrarlos como las múltiples caras de nuestro presente, pues ello es condición inexcusable para pronunciar ese gran no que desencalle el presente y nos permita, abandonando la exclusividad de las políticas de resistencia, comenzar a perfilar el porvenir, una nueva forma de vida hacia la que dirigir nuestro éxodo como sínodo.

Quizá de este modo consigamos dar cumplimiento al anhelo que José Luis Rodríguez expresaba en su último poemario:

> Pero nosotros, los despedazados de la noche,
> estamos todavía ahí, vigilantes,
> contando los granos de la arena
> de esta playa triunfante que es la vida
> y sospechando que cuando terminemos la tarea
> acaso llegue la revolución, erguida
> como un gallo en el amanecer albino.[8]

---

8   José Luis Rodríguez García, *Almanaque de la intemperie,* Papelesmínimos, Madrid, 2021, p. 10.

Bibliografía

ALTHUSSER, L., *Para un materialismo aleatorio*, Arena Libros, Madrid, 2002.

ARAGÜÉS, J. M., *Líneas de fuga. Filosofía contra la sociedad idiota*, Fundación de Investigaciones Marxistas, Madrid, 2002.

ARAGÜÉS, J. M., *Sartre en la encrucijada. Los póstumos de los años 40*, Biblioteca Nueva, Madrid, 2004.

ARAGÜÉS, J. M., *Deseo de multitud*, Pre-Textos, Valencia, 2018.

ARAGÜÉS, J. M., *De idiotas a koinotas. Para una política de la multitud*, Arena Libros, Madrid, 2020.

ARAGÜÉS, J. M., *De la vanguardia al cyborg. Una mirada a la filosofía actual*, Prensas de la Universidad de Zaragoza, Zaragoza, 2020.

AVIÑÓ, A., *Rehabitar. Fundamentos para una vida no capital*-ista, Prensas de la Universidad de Zaragoza, Zaragoza, 2023.

BALIBAR, É., *Spinoza politique. Le transindividuel*, PUF, París, 2018.

BAUDRILLARD, J., *El otro por sí mismo*, Anagrama, Barcelona, 1988.

BERNABÉ, D., *La trampa de la diversidad*, Akal, Madrid, 2018.

BLANCHOT, M., *El último hombre*, Arena Libros, Madrid, 2001.

BLANCHOT, M., *El libro por venir*, Trotta, Madrid, 2005.

BORGES, J. L., *Obras completas II*, Círculo de Lectores, Barcelona, 1992.

BOURDIEU, P., *Sur la télévision*, Liber, París, 1996.

BOURDIEU, P., *Interventions, 1961-2001*, Agone, Marsella, 2002.

BRION, M., *La Alemania Romántica II. Novalis. Hoffman. Jean-Paul*, Barral editores, Barcelona, 1973.

BUCK-MORSS, S., *Hegel en Haití*, Fondo de Cultura Económica, México, 2008.

BUTLER, J., *Cuerpos aliados y lucha política*, Paidós, Barcelona, 2017.

BUTLER, S., *Erewhon. Un mundo sin máquinas*, Ediciones Abraxas, Barcelona, 1999.

CASTORIADIS, C., *La ciudad y las leyes*, Fondo de Cultura Económica, México, 2012.

COMITÉ INVISIBLE, *A nuestros amigos*, Pepitas de calabaza, Logroño, 2015.

DELEUZE, G., *Diferencia y repetición*, Júcar, Madrid, 1988.

DELEUZE, G., y F. CLAIRE, *Diálogos*, Pre-Textos, Valencia, 1980.

DELEUZE, G., y F. GUATTARI, *El Anti Edipo*, Paidós, Barcelona, 1985.

DELEUZE, G., y F. GUATTARI, *Mil mesetas*, Pre-Textos, Valencia, 1988.

DIDI-HUBERMAN, G., *Imaginar, recomenzar. Lo que nos levanta*, Abada Editores, Madrid, 2023.

DOSTOYEVSKI, F., *El adolescente*, Editorial Juventud, Barcelona, 2004.

DUSSEL, E., *Ética de la liberación*, Trotta, Madrid, 1998.

ECHEVERRÍA, J., *Telépolis*, Destino, Barcelona, 1994.

EZQUERRA, J., *Polis y caos*, Prensas de la Universidad de Zaragoza, Zaragoza, 2021.

FEDERICI, S., *Calibán y la bruja*, Traficantes de sueños, Madrid, 2010.

FISCHBACH, F., *La production des hommes. Marx avec Spinoza*, Vrin, París, 2014.

FISHER, M., *Realismo capitalista*, Caja Negra, Buenos Aires, 2018.

GADAMER, H. G., *Verdad y método*, Sígueme, Salamanca, 1993.

GIL, S., «Feminismo y marxismo: claves de un debate para repensar la izquierda», en Juan Manuel Aragüés y Luis Arenas (coordinadores), *Marx contemporáneo*, Plaza y Valdés, Madrid, 2021.

IBÁÑEZ, J., *Más allá de la sociología*, Siglo XXI, Madrid 1986.

IBÁÑEZ, J., *A contracorriente*, Fundamentos, Madrid, 1997.

JAMESON, F., *Las semillas del tiempo*, Trotta, Madrid, 2000.

JARAUTA, F. (ed.), *Otra mirada sobre la época*, Colegio de Aparejadores y Arquitectos Técnicos de Murcia, Murcia, 1994.

JUARROZ, R., *Poesía vertical*, Visor, Madrid, 1991.

JUARROZ, R., *Poesía y Realidad*, Pre-Textos, Valencia, 2000.

KORSCH, K., *Marxismo y filosofía*, Ariel, Barcelona, 1984.

LAVAL, C., y P. DARDOT, *Común: ensayo sobre la revolución en el siglo XXI*, Gedisa, Barcelona, 2015.

LORDON, F., *Capitalismo, deseo y servidumbre*, Tinta Limón, Buenos Aires, 2015.

LORDON, F., *Los afectos de la política*, Prensas de la Universidad de Zaragoza, Zaragoza, 2017.

LORDON, F., *La sociedad de los afectos*, Adriana Hidalgo Editora, Buenos Aires, 2018.

LORDON, F., *Figures du communisme*, La fabrique, París, 2021.

LYOTARD, J. F., *¿Por qué filosofar?*, Paidós, Barcelona, 1989.

MAILLARD, C., *La herida en la lengua*, Tusquets, Barcelona, 2015.

MALLARMÉ, S., *Poesías*, Hiperión, Madrid, 2003.

MARX, K., *Líneas fundamentales de la crítica de la economía política. Grundrisse*, en OME 21, Crítica, Barcelona, 1977.

MARX, K., *Miseria de la filosofía*, Orbis, Barcelona, 1984.

MARX, K., *El dieciocho Brumario de Luis Bonaparte*, Espasa, Madrid, 1985.

MARX, K., *El capital (I)*, Fondo de Cultura Económica, México, 1986.

MARX, K., *Diferencia entre la filosofía de la naturaleza de Demócrito y Epicuro*, Arena libros, Madrid, 2023.

MARX, K., y F. ENGELS, *La ideología alemana*, Grijalbo, Barcelona, 1970.

MARX, K., y F. ENGELS, *Correspondencia*, Cartago, Buenos Aires, 1972.

MORIN, E., *Introducción al pensamiento complejo*, Gedisa, Barcelona, 1994.

NEGRI, T., *Fin de siglo*, Paidós, Barcelona, 1992.

NIETZSCHE, F., *Sobre verdad y mentira en sentido extramoral*, Tecnos, Madrid, 2010.

PAZ, O., *El mono gramático*, Austral, Barcelona, 2016.

PLATÓN, *El sofista*, Planeta, Madrid, 1996.

RIVERA CUSICANQUI, S., *Un mundo ch'ixi es posible*, Tinta Limón, Buenos Aires, 2018.

RODRÍGUEZ GARCÍA, J. L., *El hilo truncado*, Eclipsados, Zaragoza, 2012.

RODRÍGUEZ GARCÍA, J. L., *Almanaque de la intemperie*, Papelesmínimos, Madrid, 2021.

ROUSSEAU, J.-J., *Discurso sobre el origen de la desigualdad entre los hombres*, Orbis, Barcelona, 1984.

SARTRE, J. P., *Cahiers pour une morale*, Gallimard, París, 1983.

SARTRE, J. P., *Nekrasof*, Losada, Buenos Aires, 2007.

SARTRE, J. P., *Mallarmé. La lucidez y su cara de sombra*, Arena Libros, Madrid, 2008.

SIMONT, J., *Écrits posthumes de Sartre*, Vrin, París, 2001.

SLOTERDIJK, P., *Crítica de la razón cínica*, Siruela, Madrid, 2003.

SOUSA SANTOS, B., *El milenio huérfano*, Trotta, Madrid, 2005.

SPINOZA, B., *Tratado político*, Alianza Editorial, Madrid, 1986.

SPINOZA, B., *Ética*, Alianza, Madrid, 1994.

THOMPSON, E. P., *Agenda para una historia radical*, Crítica, Barcelona, 2000.

THOMPSON, E. P., *Costumbres en común*, Capitán Swing, Madrid, 2019.

Índice

*Este libro se terminó de imprimir
en los talleres del Servicio de Publicaciones
de la Universidad de Zaragoza
en marzo de 2024*

 C3

Títulos de la colección Humanidades

25 M.ª Carmen López Sáenz, *Investigaciones fenomenológicas sobre el origen del mundo social* (1994).

26 Alfredo Saldaña Sagredo, *Con esa oscura intuición. Ensayo sobre la poesía de Julio Antonio Gómez* (1994).

27 Juan Carlos Ara Torralba, *Del modernismo castizo. Fama y alcance de Ricardo León* (1996).

28 Diego Aísa Moreu, *El razonamiento inductivo en la ciencia y en la prueba judicial* (1997).

29 Guillermo Carnero, *Estudios sobre teatro español del siglo XVIII* (1997).

30 Concepción Salinas Espinosa, *Poesía y prosa didáctica en el siglo XV: La obra del bachiller Alfonso de la Torre* (1997).

31 Manuel José Pedraza Gracia, *Lectores y lecturas en Zaragoza (1501-1521)* (1998).

32 Ignacio Izuzquiza, *Armonía y razón. La filosofía de Friedrich D. E. Schleiermacher* (1998).

33 Ignacio Iñarrea Las Heras, *Poesía y predicación en la literatura francesa medieval. El dit moral en los albores del siglo XIV* (1998).

34 José Luis Mendívil Giró, *Las palabras disgregadas. Sintaxis de las expresiones idiomáticas y los predicados complejos* (1999).

35 Antonio Armisén, *Jugar y leer. El Verbo hecho tango de Jaime Gil de Biedma* (1999).

36 Abū ṭ Tāhir, *el Zaragozano, Las sesiones del Zaragocí. Relatos picarescos* (maqāmāt) *del siglo XII,* estudio preliminar, traducción y notas de Ignacio Ferrando (1999).

37 Antonio Pérez Lasheras y José Luis Rodríguez (eds.), *Inventario de ausencias del tiempo despoblado. Actas de las Jornadas en Homenaje a José Antonio Rey del Corral, celebradas en Zaragoza del 11 al 14 de noviembre de 1996* (1999).

38 J. Fidel Corcuera Manso y Antonio Gaspar Galán, *La lengua francesa en España en el siglo XVI. Estudio y edición del* Vocabulario de los vocablos *de Jacques de Liaño (Alcalá de Henares, 1565)* (1999).

39 José Solana Dueso, *El camino del ágora. Filosofía política de Protágoras de Abdera* (2000).

40 Daniel Eisenberg y M.ª Carmen Marín Pina, *Bibliografía de los libros de caballerías castellanos* (2000).

41 Enrique Serrano Asenjo, *Vidas oblicuas. Aspectos históricos de la nueva biografía en España (1928-1936)* (2002).

42 Daniel Mesa Gancedo, *Extraños semejantes. El personaje artificial y el artefacto narrativo en la literatura hispanoamericana* (2002).

43 María Soledad Catalán Marín, *La escenografía de los dramas románticos españoles (1834-1850)* (2003).

44 Diego Navarro Bonilla, *Escritura, poder y archivo. La organización documental de la Diputación del reino de Aragón (siglos XV-XVIII)* (2004).

45 Ángel Longás Miguel, *El lenguaje de la diversidad* (2004).

46 Niall Binns, *¿Callejón sin salida? La crisis ecológica en la poesía hispanoamericana* (2004).

47 Leonardo Romero Tobar (ed.), *Historia literaria / Historia de la literatura* (2004).

48 Luisa Paz Rodríguez Suárez, *Sentido y ser en Heidegger. Una aproximación al problema del lenguaje* (2004).

49 Evanghélos Moutsopoulos, *Filosofía de la cultura griega,* traducción de Carlos A. Salguero-Talavera (2004).

50 Isabel Santaolalla, *Los «Otros». Etnicidad y «raza» en el cine español contemporáneo* (2005).

51 René Andioc, *Del siglo XVIII al XIX. Estudios histórico-literarios* (2005).

52 María Isabel Sepúlveda Sauras, *Tradición y modernidad: Arte en Zaragoza en la década de los años cincuenta* (2005).

53 Rosa Tabernero Sala, *Nuevas y viejas formas de contar. El discurso narrativo infantil en los umbrales del siglo XXI* (2005).

54 Manuel Sánchez Oms, *L'Écrevisse écrit: la obra plástica* (2006).

55 Agustín Faro Forteza, *Películas de libros* (2006).

56 Rosa Tabernero Sala, José D. Dueñas Lorente y José Luis Jiménez Cerezo (coords.), *Contar en Aragón. Palabra e imagen en el discurso literario infantil y juvenil* (2006).

57 Chantal Cornut-Gentille, *El cine británico de la era Thatcher. ¿Cine nacional o «nacionalista»?* (2006).

58 Fernando Alvira Banzo, *Martín Coronas, pintor* (2006).

59 Iván Almeida y Cristina Parodi (eds.), *El fragmento infinito. Estudios sobre «Tlön, Uqbar, Orbis Tertius» de J. L. Borges* (2007).

60 Pedro Benítez Martín, *La formación de un francotirador solitario. Lecturas filosóficas de Louis Althusser (1945-1965)* (2007).

61 Juan Manuel Cacho Blecua (coord.), *De la literatura caballeresca al Quijote* (2007).

62 José Julio Martín Romero, *Entre el Renacimiento y el Barroco: Pedro de la Sierra y su obra* (2007).

63 M.ª del Rosario Álvarez Rubio, *Las historias de la literatura española en la Francia del siglo XIX* (2007).

64 César Moreno, Rafael Lorenzo y Alicia M.ª de Mingo (eds.), *Filosofía y realidad virtual* (2007).

65 Luis Beltrán Almería y José Luis Rodríguez García (coords.), *Simbolismo y hermetismo. Aproximación a la modernidad estética* (2008).

66 Juan Antonio Tello, *La mirada de Quirón. Literatura, mito y pensamiento en la novela de Félix de Azúa* (2008).

67 Manuela Agudo Catalán, *El Romanticismo en Aragón (1838-1854). Literatura, prensa y sociedad* (2008).

68 Gonzalo Navajas, *La utopía en las narrativas contemporáneas (Novela/Cine/Arquitectura)* (2008).

69 Leonardo Romero Tobar (ed.), *Literatura y nación. La emergencia de las literaturas nacionales* (2008).

70 Mónica Vázquez Astorga, *La pintura española en los museos y colecciones de Génova y Liguria (Italia)* (2008).

71 Jesús Rubio Jiménez, *La fama póstuma de Gustavo Adolfo y Valeriano Bécquer* (2009).

72 Aurora González Roldán, *La poética del llanto en sor Juana Inés de la Cruz* (2009).

73 Luciano Curreri, *Mariposas de Madrid. Los narradores italianos y la guerra civil española* (2009).

74 Francisco Domínguez González, *Huysmans: identidad y género* (2009)

75 María José Osuna Cabezas, *Góngora vindicado: Soledad primera, ilustrada y defendida* (2009).

76 Miguel de Cervantes, *Tragedia de Numancia,* estudio y edición crítica de Alfredo Baras Escolá (2009).

77 Maryse Badiou, *Sombras y marionetas. Tradiciones, mitos y creencias: del pensamiento arcaico al Robot sapiens,* traducción de Adolfo Ayuso y Marta Iguacel, prólogo de Adolfo Ayuso (2009).

78 Belén Quintana Tello, *Las voces del espejo. Texto e imagen en la obra lírica de Luis Antonio de Villena* (2010).

79 Natalia Álvarez Méndez, *Palabras desencadenadas. Aproximación a la teoría literaria postcolonial y a la escritura hispano-negroafricana* (2010).

80 Ángel Longás Miguel, *El grado de doctor. Entre la ciencia y la virtud* (2010).

81 Fermín de los Reyes Gómez, *Las historias literarias españolas. Repertorio bibliográfico (1754-1936)* (2010).

82 M.ª Belén Bueno Petisme, *La Escuela de Arte de Zaragoza. La evolución de su programa docente y la situación de la enseñanza oficial del grabado y las artes gráficas* (2010).

83 Joaquín Fortanet Fernández, *Foucault y Rorty: Presente, resistencia y deserción* (2010).

84 M.ª Carmen Marín Pina (coord.), *Cervantes en el espejo del tiempo* (2010).

85 Guy H. Wood, La caza *de Carlos Saura: un estudio* (2010).

86 Manuela Faccon, *Fortuna de la* Confessio Amantis *en la Península Ibérica: el testimonio portugués* (2010).

87 Carmen Romeo Pemán, Paula Ortiz Álvarez y Gloria Álvarez Roche, *María Zambrano y sor Juana Inés de la Cruz. La pasión por el conocimiento* (2010).

88 Susana Sarfson Gleizer, *Educación musical en Aragón (1900-1950). Legislación, publicaciones y escuela* (2010).

89 Julián Olivares (ed.), *Eros divino. Estudios sobre la poesía religiosa iberoamericana del siglo XVII* (2011).

114 Jesús Martínez Baro, *La libertad de Morfeo. Patriotismo y política en los sueños literarios españoles (1808-1814)* (2014).

115 Javier Aguirre, *Dialéctica y filosofía primera. Lectura de la Metafísica de Aristóteles* (2015).

116 María Coduras Bruna, *«Por el nombre se conoce al hombre». Estudios de antroponimia caballeresca* (2015).

117 Antonio Gaspar Galán y J. Fidel Corcuera Manso, *La gramática francesa de Baltasar de Sotomayor (Alcalá de Henares, 1565)* (2015).

118 Alicia Silvestre Miralles, *La traducción bíblica en san Juan de la Cruz. Subida del Monte Carmelo* (2015).

119 Vanessa Puyadas Rupérez, *Cleopatra VII. La creación de una imagen. Representación pública y legitimación política en la Antigüedad* (2016).

120 Antonio Capizzi, *Introducción a Parménides* (2016).

121 Esther Bendahan Cohen, *Sefarad es también Europa. El «otro» en la obra de Albert Cohen* (2016).

122 María Leticia del Toro García, *Experimentación, intertextualidad e historia en la obra de Susan Howe* (2017).

123 Luis María Marina, *De la epopeya a la melancolía. Estudios de poesía portuguesa del siglo XX* (2017).

124 Miguel Espigado, *Reír por no llorar. Identidad y sátira en el fin del milenio* (2017).

125 Manuel Hernández Pérez, *Manga, anime y videojuegos. Narrativa crossmedia japonesa* (2017).

126 Arturo Borra, *Poesía como exilio. En los límites de la comunicación* (2017).

127 José Luis Calvo Carilla (ed.), *Expresionistas en España (1914-1939)* (2017).

128 Jean-Marie Lavaud y Éliane Lavaud-Fage, *Rapsodia valleinclaniana. Escritura narrativa y escritura teatral* (2017).

129 Juan Vicente Mayoral, *Thomas S. Kuhn. La búsqueda de la estructura* (2017).

130 Maria Fogler, *Lo otro persistente: lo femenino en la obra de María Zambrano* (2107).

131 Stanley Cavell, *¿Debemos querer decir lo que decimos? Un libro de ensayos* (2017).

132 Elena Cueto Asín, *Guernica en la escena, la página y la pantalla: evento, memoria y patrimonio* (2017).

133 Frédéric Lordon, *Los afectos de la política* (2017).

134 Ernest Sosa, *Una epistemología de virtudes. Creencia apta y conocimiento reflexivo (vol. I)* (2018).

135 Ernest Sosa, *Conocimiento reflexivo. Creencia apta y conocimiento reflexivo (vol. II)* (2018).

136 Antonio Capizzi, *Heráclito y su leyenda. Propuesta de una lectura diferente de los fragmentos* (2018).

162   Ronaldo González Valdés, *George Steiner: Entrar en sentido. Cincuenta glosas y un epílogo* (2021).

163   Manuel Sacristán Luzón, *Sobre Jean-Paul Sartre,* edición de Salvador López Arnal y José Sarrión Andaluz (2021).

164   Xaverio Ballester, *Orígenes de la lengua valenciana. La hipótesis repoblacionista* (2021).

165   Jesús Ezquerra Gómez, *Pólis y caos. Reflexiones sobre el principio de la política* (2021).

166   Stanley Cavell, *Esta nueva y aún inaccesible América. Conferencias tras Emerson después de Wittgenstein* (2021).

167   José Ángel Bergua Amores, *Nada. Eones, conciencias e ignorancias* (2021).

168   Nuria Aranda García, *Los Siete sabios de Roma en España. Una historia editorial a través del tiempo (siglos XV-XX)* (2021).

169   Manuel José Pedraza Gracia, *Una imprenta hispana del siglo XVII. El Libro de cuentas de Pedro Blusón y Juan Francisco Larumbe (Huesca, 1625-1671)* (2021).

170   Jesús Rubio Jiménez y Enrique Serrano Asenjo (coords.), *El retrato literario en el mundo hispánico, II (siglos XIX-XXI)* (2021).

171   Fulvio Conti, *Dante y la identidad nacional italiana* (2021).

172   Alfredo Saldaña Sagredo, *Romper el límite. La poesía de Roberto Juarroz* (2022).

173   John Dewey, *Lógica. La teoría de la investigación (1938),* edición de Ángel Manuel Faerna (2022).

174   David Pérez Chico (coord.), *Cuestiones de la filosofía del lenguaje: pragmática* (2022).

175   Héctor Caño Díaz, *Cómics en pantalla. Adaptaciones al cine y televisión (1895-1989)* (2022).

176   Ramón Pérez de Ayala, *Auto de fe con Galdós. Ensayos galdosianos, con el epistolario entre los autores* (2022).

177   José Antonio Mérida Donoso, *Borau, un escritor de cine y un cineasta escritor. Hacia el guion de su literatura* (2022).

178   Gabriel Insausti y Luis Galván (coords.), *Palabra y acción. El profetismo en la literatura moderna y contemporánea* (2022).

179   Manuel Ruiz Zamora, *Sueños de la razón. Ideología y literatura* (2022).

180   Raffaele Milani, *Albas de un nuevo sentir. La condición neocontemplativa* (2022).

181   Carmen Peña Ardid y Juan Carlos Ara Torralba (eds.), *La Transición española. Memorias públicas / memorias privadas (1975-2021). Historia, literatura, cine, teatro y televisión* (2022).

182   Ernest Sosa, *Juicio y agencia* (2022).

183   Luis Fernández Cifuentes, *1955. Inventario y examen de disidencias* (2023).

184   J. L. Rodríguez García, *La mirada de Saturno. Pensar la revolución (1789-1850)* (2023).

185   Sara Martín Alegre, *De Hitler a Voldemort. Retrato del villano* (2023).

186   Carlos Marzán y Marcos Hernández, *Constelaciones en torno a la Teoría crítica* (2023).

187 Leonardo Romero Tobar, *Leyendo a Galdós* (2023).

188 David Pérez Chico (coord.), *Cuestiones de la filosofía del lenguaje ordinario* (2023).

189 Sergio Pons Garcés, *La función utópica. Introducción al materialismo blochiano* (2023).

190 Évelynne Ricci y Melissa Lecointre (coords.), *La cultura de los vencedores. Nuevas redes culturales en la España de la inmediata posguerra (1939-1945)* (2023).

191 Mercedes Comellas (coord.), *Literatura para construir la nación. Estudios sobre historiografía literaria en España (1779-1850)* (2023).

192 Ariane Aviñó McChesney, *Rehabitar. Fundamentos para la vida no capitalista* (2023).

193 Jesús Rubio Jiménez, *Julio Cortázar y Daniel Devoto. Historia de una amistad* (2023).

194 Franck Fischbach, *La producción de los hombres. Marx con Spinoza* (2023).

195 Daniel Quesada, *Saber, opinión y ciencia. Una introducción a la teoría del conocimiento clásica y contemporánea* (2024).

196 Fermín Ezpeleta Aguilar, *La novela española de costumbres universitarias* (2024).